"Alguns de nós, apaixonados pelos escritos de John Owen, aprendemos a valorizá-lo em grande medida devido ao entusiasmo de Sinclair Ferguson com seus escritos. Para mim, depois de mais de trinta e cinco anos de ministério do evangelho, seria difícil exagerar a importância do entendimento teológico e pastoral de Owen. Temos há muito necessidade de uma biografia atualizada — não uma que apenas narre os detalhes significativos de sua vida, mas que analise os contornos de seus entendimentos teológicos e a maneira como estes o moldaram e definiram. Ninguém está melhor capacitado para fazer isso do que Sinclair Ferguson. Sempre que John Owen é mencionado, vejo o nome 'Ferguson'. Não há como exagerar a importância deste volume. Espero plenamente que ele se torne um campeão de vendas entre os apreciadores de Owen — e isso, merecidamente."

— DEREK W.H. THOMAS
Pastor titular, Primeira Igreja Presbiteriana, Columbia S.C.
Robert Strong Professor de Teologia Sistemática e Pastoral
Seminário Teológico Reformado, Atlanta

"Este é agora o principal livro que recomendo sobre John Owen. Estou impressionado, mas não surpreso: Sinclair Ferguson tem de tal modo absorvido o espírito de Owen, que transmite o pensamento e coração desse grande homem com límpida clareza. Isso quer dizer que este livro é muito mais que uma introdução a Owen; é, ao mesmo tempo, uma meditação rica e profundamente tocante sobre a comunhão com nosso glorioso Deus trino. Temos aqui um banquete de manjar dos anjos."

— MICHAEL REEVES
Professor titular
Escola Evangélica de Te do Gales, Bridgend, Wales

"Permita que eu comece repetindo a própria história de Sinclair Ferguson: John Owen, mais que qualquer outro teólogo do passado, tem formado de modo profundo minha visão do Deus trino e o que significa viver a maravilha do evangelho. Neste deleitoso pequeno livro, Ferguson oferece uma espécie de paráfrase e uma apreciação do clássico de Owen: *Comunhão com Deus*. Ele nos oferece um grande presente ao longo do caminho: temos em mãos um roteiro belamente acessível da abordagem de Owen sobre a vida espiritual, termo com o qual ele quer dizer uma vida segura no amor do Pai, na graça do Filho e na forte comunhão do Espírito. Leia, saboreie e seja renovado, pois nem Owen nem Ferguson nos desapontarão."

—KELLY M. KAPIC
Professor de Estudos Teológicos
Faculdade Covenant, Lookout Mountain, Ga.

"Ler este livro é como escutar uma conversa entre uma das mais confiáveis vozes do passado com uma das vozes mais confiáveis do presente. Na verdade, é exatamente isso que este livro faz. Ao ler, ouvimos a inclinação do arco da conversa em uma única direção. Ouvimos essas duas vozes lembrando-nos da gloriosa verdade de que a vida cristã é comunhão com o Deus Trino."

— STEPHEN J. NICHOLS
Presidente, Faculdade Bíblica da Reforma, Sanford, Fl
Diretor Acadêmico, Ministérios Ligonier

SINCLAIR B. FERGUSON

A Devoção Trinitária *de*

John Owen

UM PERFIL DE HOMENS PIEDOSOS

F353d Ferguson, Sinclair B., 1948-
        A devoção trinitária de John Owen / Sinclair B.
        Ferguson ; [tradução: Elizabeth Gomes]. – São José dos
        Campos, SP : Fiel, 2015.

        136 p. ; 21cm. – (Um perfil de homens piedosos)
        Traduzido de: The trinitarian devotion of John Owen.
        Inclui referências bibliográficas e índice.
        ISBN 978-85-8132-221-6

        1. Owen, John, 1616-1683. 2. Trindade – História das
        doutrinas. 3. História da igreja – século XVII. I. Título.

                                                CDD: 231/.044

Catalogação na publicação: Mariana C. de Melo – CRB07/6477

**A Devoção Trinitária
de John Owen –**
Um perfil de Homens Piedosos

Traduzido do original em inglês
"The Trinitarian Devotion of John
Owen" por Singlair B. Ferguson
Copyright © 2014 por Singlair B.
Ferguson

Publicado por Reformation Trust,
Uma divisão de Ligonier Ministries,
400 Technology Park, Lake Mary,
FL 32746

■

Copyright © 2014 Editora Fiel
Primeira edição em português: 2015

Todos os direitos em língua portuguesa
reservados por Editora Fiel da Missão
Evangélica Literária

PROIBIDA A REPRODUÇÃO DESTE LIVRO POR
QUAISQUER MEIOS, SEM A PERMISSÃO ESCRITA
DOS EDITORES, SALVO EM BREVES CITAÇÕES,
COM INDICAÇÃO DA FONTE.

■

Diretor: Tiago J. Santos Filho
Editor: Tiago J. Santos Filho
Tradução: Elizabeth Gomes
Revisão: Marcia Gomes
Ilustração: Steven Noble
Diagramação: Rubner Durais
Adaptação da Capa: Rubner Durais
ISBN: 978-85-8132-221-6

FIEL
Editora

Caixa Postal, 1601
CEP 12230-971
São José dos Campos-SP
PABX.: (12) 3919-9999
www.editorafiel.com.br

Para
Alistair Begg

ὁ ἀγαπητὸς ἀδελφὸς
καὶ πιστὸς διάκονος
καὶ σύνδουλος ἐν κυρίῳ

— Colossenses 4.7

ÍNDICE

Apresentação: Seguidores Dignos de Serem Seguidos 9

Prefácio: O Maior Privilégio do Cristão 13

Capítulo 1: Pastor e Teólogo 19
    Vida inicial 20
    Novos começos 22
    Subindo ao palco nacional 24
    Oxford e Cromwell — de novo 26
    A restauração e rejeição 31
    Fiel até o fim 33

Capítulo 2: No Nome do Pai, do Filho e do Espírito Santo 37
    Uma verdade negligenciada 38
    As respostas de Owen 40
    Sobre a Trindade 42
    O Deus Vivo 46

Capítulo 3: Comunhão com o Pai 49
    A centralidade do amor 49
    Fazendo distinções 51
    Doença da alma e remédio do evangelho 53
    Recebendo e devolvendo amor 60

Capítulo 4: Comunhão com o Filho 63
    Graça e justificação 64
    Comunhão com Cristo na graça pessoal 68
    Comunhão afetiva 70
    Nosso valor aos olhos de Deus 73
    Comunhão com Cristo na graça comprada 76
    Cristo continua como sacerdote para sempre 79
    Os privilégios da comunhão com Cristo 81
    A grande troca 85
    O hábito da graça 86
    Adoção — nosso mais alto privilégio 88

Capítulo 5: Comunhão com o Espírito Santo 91
    A pessoa esquecida 92
    Cristo e o Espírito 93
    Cristo nos dá seu Espírito 97
    Recebendo o Espírito 98
    Comunhão com o Espírito Santo 99
    Distinguindo entre o Espírito e a serpente 101
    Selado pelo Espírito 102
    Nossa Resposta 105

Conclusão: Louvor ao Pai, ao Filho e ao Espírito Santo 109

Notas 113

Bibliografia 131

APRESENTAÇÃO

Seguidores Dignos de Serem Seguidos

Através dos séculos, Deus tem levantado uma longa linha de homens piedosos, os quais ele usou de modo poderoso em momentos estratégicos na história da igreja. Estes valorosos indivíduos vêm de toda espécie de caminhos da vida, desde prédios cobertos de hera de escolas elitizadas até cômodos empoeirados dos fundos de lojas de artesãos e trabalhadores. Surgiram de todos os pontos deste mundo, desde lugares altamente estratégicos, em cidades densamente populosas, até obscuras aldeias em lugares remotos. Contudo, a despeito dessas diferenças, estas figuras centrais têm muito em comum.

Cada homem possuía fé no Senhor Jesus Cristo, mas mais que isso, cada uma dessas colunas tinha fé inabalável, bem como convicções profundas sobre as verdades chamadas de doutrinas da graça. Embora tivessem diferenças em questões teológicas secundárias, andavam ombro a ombro na defesa dos ensinos bíblicos que exaltam a graça soberana de

Deus na salvação. Esses líderes espirituais exaltavam a verdade fundamental de que "a salvação vem do Senhor."[1]

Qualquer resumo de história da igreja revela que aqueles que abraçaram as verdades reformadas obtiveram extraordinária confiança em Deus. Longe de paralisar os gigantes espirituais, as doutrinas da graça acenderam um senso de maravilha reverencial por Deus no coração, o qual humilhava a alma deles diante do trono. As verdades da soberania divina deram ousadia a esses homens, para que se levantassem e avançassem a causa de Cristo sobre a terra. Com visão mais ampla para a expansão do reino divino sobre a terra, eles deram passos para frente, realizando a obra de dez, até mesmo de vinte homens. Subiram com asas como águias, voando acima de seu tempo. As doutrinas da graça deram-lhes poder para servir a Deus dentro da hora divinamente designada da história, deixando uma piedosa herança para as gerações futuras.

A série intitulada *Um Perfil de Homens Piedosos* destaca figuras-chave desses homens ligados à graça soberana na procissão que perpassa as eras. O propósito da série é examinar como essas pessoas usaram seus dons e habilidades, dados por Deus, para impactar seu tempo e expandir o reino do céu. Por serem totalmente dedicados a seguir a Cristo, o exemplo que deram é digno de ser imitado hoje.

Este volume, escrito por meu bom amigo Sinclair Ferguson, foca aquele que é considerado o maior dos teólogos puritanos ingleses, John Owen. A vida monumental de Owen foi marcada por sua realização intelectual superior. Tornou-se pastor, capelão de Oliver Cromwell, e vice-chanceler da Universidade de Oxford. Sua obra mais influente, *A Morte da Morte na Morte de Cristo* (1647), escrita quando contava apenas trinta e um anos de idade, é uma extensa reflexão sobre a vida intra-trinitariana de Deus na encarnação e expiação de Jesus Cristo. Este trabalho seminal lançou Owen em um caminho de

---

1 Salmo 3.8; Jonas 2.9.

meditação e reflexão trinitária. Ele deixou ricos tratados e sermões sobre a comunhão trinitária que um cristão pode ter com o Pai, com o Filho e com o Espírito Santo. Talvez nenhum outro teólogo inglês tenha gasto mais tempo na contemplação da eterna Divindade, e o estudo de Owen traduzia zelosa paixão pelo evangelho e dedicação a Cristo. John Owen é figura altaneira, eminentemente digna de ser retratada no esboço biográfico da série.

Que o Senhor use este livro para levantar uma nova geração de crentes, que levem a mensagem do evangelho e influenciem este mundo. Por meio deste perfil, que você seja fortalecido para andar de modo digno da vocação a que foi chamado. Que você seja zeloso em sua devoção ao Pai, ao Filho e ao Espírito Santo, para a glória de seu nome e o avanço de seu reino.

Soli deo gloria!

– *Steven J. Lawson*
Editor da Série

PREFÁCIO

O Maior Privilégio do Cristão

Sou grato a meu amigo Steve Lawson pelo convite para contribuir com a série *Um Perfil de Homens Piedosos*, a qual ele planejou e continua a editar. Provavelmente a palavra "convite" seja fraca demais para descrever seu desejo de que a excelente série contivesse um volume a respeito de John Owen. Tenho minhas suspeitas de que ele sabia que, para mim, escrever sobre Owen seria uma experiência pessoal. Sou profundamente grato por sua insistência, encorajamento e amizade. Escrever *A Devoção Trinitária de John Owen* tem feito com que eu volte mais uma vez a refletir sobre a vida e o ministério de um homem verdadeiramente grande e piedoso, com quem tenho uma imensa dívida pessoal.

John Owen viveu de 1616 a 1683. Muitas de suas obras foram publicadas durante seu tempo de vida, e tantas outras foram publicadas pouco tempo depois de sua morte. Duas diferentes coleções dos seus escritos surgiram no século XIX. Mas até meados do século XX, tanto o seu nome quanto seus livros caíram em quase total obscuridade.

Na providência de Deus, as obras de Owen começaram a ser republicadas em 1965.¹ Naquela época, eu havia acabado de completar dezessete anos e estava em meu primeiro ano de universidade. O pagamento de meu curso, todas as despesas com alimentação e habitação e outras mais eram cobertas por bolsas de estudo, e — dias felizes — havia ainda dinheiro para comprar livros. Cópias ligeiramente danificadas dos enormes volumes das obras de Owen (com média de umas seiscentas páginas cada) podiam ser compradas com o equivalente a um dólar ou pouco mais cada um. Comprei-os um a um, às vezes de dois em dois, até possuir o conjunto completo.

E comecei a ler.

O estilo de Owen geralmente é considerado notoriamente difícil. O latim era virtualmente sua primeira língua. Sua educação foi toda feita em latim; ele discursava em latim; escrevia em latim. Provavelmente até sonhava em latim. Não era de surpreender que seu estilo no inglês fosse bastante latino.

No entanto, enquanto escrevo este livro, tenho percebido que a providência de Deus já havia me preparado para continuar a ler. Às vésperas da formação universitária, estava bastante incerto quanto ao que deveria esperar, ou mesmo se a obtenção de uma graduação estaria dentro de minhas possibilidades intelectuais. Ninguém em minha família, até onde eu conhecia, havia cursado algum ensino superior. Naqueles tempos, as posições na universidade eram raras. Para os meus pais, que deixaram a escola bem no início da adolescência, os estudos universitários estavam além de suas mais loucas aspirações. Mas eles tinham profundo compromisso de encorajar os filhos a entender a importância da educação acadêmica. Não havia discussão, que eu me lembre, se estudaríamos ou não o latim. Sendo uma chave para a cultura, isso não podia ser negociado. Meu pai e minha mãe pouco imaginaram que a direção que deram a seu filho de onze anos de idade tornaria mais fácil para mim, uns seis anos mais tarde, ler os melhores, se bem que possivelmente os mais difíceis, dentre todos os teólogos ingleses do século XVII.

Prefácio

E assim, continuei lendo. É claro que algumas das obras de Owen eram mais interessantes para mim do que outras. Mas também, algumas continham material que provavelmente havia sido pregado para estudantes de faculdade da minha própria idade. Owen expandiu minha mente, analisou minha alma, ensinou-me devoção teológica e prescreveu-me remédio espiritual. Teologicamente e pastoralmente, ele ajudou a dar forma ao que eu achava necessário a um ministro do evangelho saber, crer e pregar. Ele me mostrou como pensar através do evangelho e também a fazer sua aplicação.

O assistente de Owen, David Clarkson (ele mesmo teólogo nada fraco), disse no seu sermão funerário: "Não é preciso dizer aos que o conheceram que seu maior projeto era promover a santidade de vida e exercê-la entre vós."[2] Assim como os escritos de Owen fizeram para outros, eles fizeram a mim, encorajando-me a pensar e viver para a glória de Deus.

Sendo assim, o acadêmico e ministro de Oxford do século XVII tem sido uma das mais significativas influências sobre minha vida. Sou profundamente grato por ele — e pelo modo como usou seus dons para a igreja de Cristo nos dias estressantes em que viveu. Certamente ele jamais teria imaginado que, três séculos após sua morte, a sua obra nutriria um rapaz adolescente, que esperava seguir seu exemplo e tornar-se ministro do evangelho de Jesus Cristo.

Assim — embora talvez não seja imediatamente visível aos leitores das páginas seguintes — Dr. Lawson estava certo em achar que este pequeno livro teria um significado muito pessoal para mim, uma vez que me oferece o privilégio de apresentar Owen a alguns que talvez nunca tenham ouvido seu nome, quanto mais lido suas obras. Em especial, isso dá uma oportunidade de dizer algo sobre a enorme importância e relevância de um tema central da sua teologia. Este tema pode, creio eu, ser resumido da seguinte forma.

Não há em todo o mundo nada mais importante do que estas verdades:

(1) Deus é Trino: Pai, Filho e Espírito Santo. Este é um grande mistério — porque nós não somos Deus e não conseguimos entender plenamente o completo, maravilhoso e glorioso mistério do seu ser. Mas podemos começar a compreendê-lo e aprender a amá-lo e adorá-lo.

(2) Se você é cristão, é somente por causa do pensamento e da ação amorosa de cada pessoa da Trindade. O Pai, junto ao Filho e ao Espírito, o planejou antes da fundação do mundo; o Filho veio pagar o preço para nossa redenção e, apoiado pelo Espírito Santo, foi obediente ao Pai em nosso lugar, tanto em sua vida quanto em sua morte, a fim de nos trazer justificação diante de Deus; agora, pela poderosa obra do Espírito Santo que foi enviado pelo Pai e pelo Filho, fomos trazidos à fé.

(3) O maior privilégio que qualquer de nós pode ter é o seguinte: podemos conhecer a Deus como Pai, Filho e Espírito Santo. Podemos gozar a participação — o que Owen chama de "comunhão" — com Deus. Tal conhecimento é tão rico, largo, profundo, extenso e alto quanto são as três pessoas de Deus. Conhecer a Deus e ter comunhão com ele é um mundo inteiro de conhecimento, confiança, amor, alegria, comunhão, prazer e satisfação sem fim.

Era isto que John Owen desejava que os cristãos soubessem.

A devoção trinitária de John Owen é apenas o ponto inicial na explanação de tudo que isso significa. Mas espero que também seja um início que não tem fim.

Todo autor é devedor. Além de minha dívida a Steve Lawson por seu convite, sou grato à equipe maravilhosa de *Ligonier Ministries* e da *Reformation Trust* por seu encorajamento e apoio. De modo

Prefácio

especial, quero expressar minha gratidão à minha esposa, Dorothy. Conhecemo-nos no mesmo ano em que conheci as Obras de John Owen. Por onde passamos, Owen nos acompanhou. Tenho visto nela aquilo que Owen ensinou sobre as "respostas" do cristão ao Pai, ao Filho e ao Espírito Santo em uma vida de devoção prática a Deus. De dentro do contexto da sua fidelidade a mim e seu amor por nossa família, estas páginas surgiram. Oro para que elas estimulem no leitor uma experiência mais rica da devoção trinitária, a qual John Owen experimentava e ensinava.

— *Sinclair B. Ferguson*
Carnoustie, Escócia
Março de 2014

CAPÍTULO 1

Pastor e Teólogo

*Um pastor, acadêmico, especialista em divindade
de primeira grandeza; a sua santidade dava um brilho divino
às suas demais realizações, brilhando por todo seu decurso,
difundida em toda sua conversação.*[1]
— David Clarkson,
Sermão do funeral de John Owen
4 de setembro de 1683

O ano de seu nascimento — 1616 — foi o ano da morte de William Shakespeare.

Quando contava apenas 31 anos de idade, pregou diante do Parlamento Inglês. Não era a primeira vez, mas nesta ocasião, o rei Charles I havia sido publicamente executado, menos que vinte e quatro horas antes.

Aos trinta e seis anos, foi designado vice-chanceler da Universidade de Oxford pelo general inglês e futuro *Lorde Protetor*, Oliver Cromwell.

Em 1662, junto com cerca de dois mil outros pastores, foi expulso da Igreja da Inglaterra por sua recusa em aceitar o uso do Livro de Oração Comum nos cultos da igreja.

Depois disso, sob a ameaça de ser preso, serviu como pastor de congregações não conformistas. Durante o último período de sua vida, pastoreou uma congregação em Londres.

Morreu em 1683, deixando um legado de escritos que hoje ocupam vinte e quatro grandes volumes, com média de seiscentas páginas em cada um.

Seu nome era John Owen. Em seu próprio tempo, era o maior teólogo vivo da Inglaterra. Hoje, mais de trezentos anos após sua morte, muitos ainda o consideram assim. Mas quem era ele?

VIDA INICIAL

John Owen nasceu em Stadham (hoje Stadhampton), uns quinze quilômetros a sudeste de Oxford. Seu pai, Henry, era ministro da congregação local.[2] Ele tinha um irmão mais velho, William (que também tornou-se pastor), e dois irmãos mais novos, Henry (que entrou no serviço militar) e Philemon[3] (que foi morto enquanto prestava serviço militar na Irlanda, em 1649), e uma irmã cujo nome desconhecemos.[4]

Os Owens eram uma família puritana. "Fui criado desde minha infância sob os cuidados de meu pai", escreveu Owen, "que era não conformista todos os seus dias, e alguém que trabalhou muito duro na vinha do Senhor".[5]

Os acadêmicos há muito debatem sobre o que consiste um "puritano". O termo descreve larga variedade de indivíduos, desde anglicanos que simplesmente queriam ver a Igreja da Inglaterra purificada de algumas de suas características nada bíblicas, até pessoas que, em sua oposição à Igreja da Inglaterra, se postavam à margem da ortodoxia cristã. Henry Owen, como mais tarde faria seu filho

John, se posicionava no meio da ortodoxia bíblica, e talvez se preocupasse apenas em ver diretrizes bíblicas seguidas no culto e no governo da igreja. De qualquer modo, ele era fiel ministro do evangelho e um pai cuidadoso. Como Calvino disse a respeito de Timóteo, poderíamos dizer também de Owen: ele "mamou a piedade junto com o leite da sua mãe".[6]

Tendo recebido educação inicial de seu pai, quando contava cerca de dez anos de idade, graças a um tio generoso, tanto ele quanto seu irmão mais velho, William, foram enviados a uma pequena escola em Oxford, para se prepararem para entrada no *Queen's College*, da Universidade de Oxford.

Os estudantes de Oxford do século XVII eram, em geral, cavalheiros de boa posição social ou acadêmicos, mas raramente as duas coisas. De muitas formas, a universidade servia como uma escola particular de aprimoramento na sociedade para as classes superiores, muitos nem fariam exames nem se formariam. Owen, porém, entrou na universidade com vistas ao estudo, e graduou-se com bacharelado em artes junto com seu irmão em 1632, aos quinze ou dezesseis anos. Em essência, o bacharelado era meramente preparatório aos estudos do grau de mestrado que seguiriam. Foi devidamente graduado Mestre em Artes em 1635.

A educação de Owen era clássica: lógica, filosofia, matemática, história antiga, astronomia, grego e hebraico. Latim era a língua franca do acadêmico (desde os sermões na faculdade a palestras e debates). Com esse pano de fundo, não é surpreendente que Owen tivesse tanta facilidade no Latim quanto na língua inglesa — na verdade, talvez mais, pois muitos de seus escritos em inglês pouco escondem suas profundas influências latinas.

É claro que Owen obteve enormes benefícios por seus estudos. Teve um tutor acadêmico altamente capaz em Thomas Barlow.[7] Não negligenciava a máxima latina: *mens sana in corpore sano* (uma mente saudável em um corpo são[8]). Fazia corridas, arremessava dardos, gostava de tocar flauta (mais tarde designou seu professor Thomas Wilson à cadeira de música da universidade). Era claramente um estudante sério, que se disciplinava a ponto de muitas vezes dormir somente quatro horas por noite.[9]

A intenção de Owen depois de se formar era envolver-se nos estudos prolongados, necessários para obter o grau de Bacharel em Divindades (naquele tempo um programa de sete anos). Mas a Universidade de Oxford caíra sob influências alheias às origens puritanas de Owen. William Laud foi designado chanceler da universidade em 1630, antes de se tornar arcebispo de Canterbury três anos mais tarde. O rei Carlos I já havia proibido os debates sobre os temas calvinistas da eleição e predestinação, e Laud seguia essa proibição, *catolizando* o *etos* da vida na universidade e reintroduzindo a alta liturgia no culto da capela, tudo misturado a uma teologia arminiana.

Os sinais não pareciam promissores para um estudante de divindades puritano, e após mais dois anos de estudo, Owen saiu para se tornar capelão da família e tutor na casa de *Sir* Robert Dormer, em Ascot. Pouco tempo depois, aceitou posição semelhante na casa do Lorde Lovelace, em Hurley. Aqui, presume-se, seus deveres não eram onerosos, e tinha tempo para continuar os estudos. Lorde Lovelace, contudo, apoiava o rei no conflito crescente com o Parlamento, e em 1642, Owen mudou-se e assumiu residência em Londres.

NOVOS COMEÇOS

Estourou a Guerra Civil Inglesa no ano em que Owen chegou a Londres.[10] Agora residindo na capital, Owen pôde seguir os eventos cruciais daquela época em primeira mão. Mais importante, porém, foi uma experiência mais pessoal que mudaria sua vida permanentemente.

Em todos os relatos, Owen desenvolveu-se como pessoa calorosa e cordial. Mas raramente revela isso em seus escritos. Se ele mantinha diários, como fizeram muitos puritanos, presume-se que foram destruídos por ocasião de sua morte. O que fica claro nesse estágio de sua vida — estava em meados dos vinte anos — é que, conquanto dedicado a princípios puritanos, ele não tinha segurança resolvida de que pertencia a Cristo. Certa ocasião, em suas obras publicadas, ele deu dicas pouco veladas de que experimentava profunda angústia espiritual.

Certo domingo, em 1642, Owen foi com seu primo ouvir o célebre ministro presbiteriano Edmund Calamy pregar em St. Mary's, Aldermanbury. Mas Calamy não pôde pregar, e seu substituto era um pastor pouco conhecido. A despeito de seu primo insistir, Owen não teve coragem de ir para outro lugar. O resultado foi que ele ouviu um sermão sobre as palavras de Cristo aos discípulos depois de acalmar a tempestade: "Por que sois tímidos, homens de pequena fé?"[11] Foi-lhe dado imediatamente um novo senso de paz e segurança. A imagem do texto, conforme veremos, ecoaria mais tarde por todos os seus escritos.

Mais adiante, naquele mesmo ano, começou sua carreira como autor com a publicação de uma obra polêmica: *A Display of Arminianism* (Uma exposição do arminianismo).[12] Esse livro foi dedicado ao Comitê da Religião, que começara seu trabalho como uma espécie de cão de guarda teológico dois anos antes. Por sua vez, o comitê o designou no ano seguinte para servir a igreja de Fordham, em Essex.

Estabelecido agora no ministério pastoral, Owen conheceu e casou-se com Mary Rooke, que lhe daria onze filhos. Destes, somente um sobreviveu até a vida adulta. Em 1646, entretanto, seu ministério em Fordham chegou ao fim. Sua designação original havia sido resultado do sequestro do pastor encarregado anteriormente. Agora a designação do seu sucessor reverteu-se ao patrocinador original (que não era puritano).

Mas John Owen já chegara à atenção do público. Fora recentemente convidado a pregar diante do Parlamento.[13] Agora foi designado a servir a congregação de São Pedro, em Coggeshall, também do condado de Essex.[14] Era uma congregação grande, que tinha gozado recentemente o ministério do distinto Obadiah Sedgwick.[15] Ali, Owen ministrou dentro da igreja da paróquia. Também ajuntou uma comunidade seguindo as linhas congregacionais. O seu pensamento tinha se desenvolvido a partir da perspectiva mais presbiteriana, a qual havia adotado antes, quando escreveu *The Duty of Pastors and People Distinguished*[16] (O dever de pastores e pessoas de destaque) para a sua congregação em Fordham.

Sempre que enfrentava alguma questão controvertida, Owen empregava um princípio sábio e bom: estudava a melhor e mais forte exposição do ponto de vista ao qual ele se opunha. No caso do governo eclesiástico, lera o livro do congregacionalista John Cotton, *The Keyes of the Kingdom of Heaven* (As chaves do reino do céu) e fora convencido a este pensamento.[17] Seu ponto de vista preciso foi debatido mais tarde em sua vida, mas temos indicações de que ele manteve uma forma flexível de presbiterianismo-congregacional, reconhecendo que a congregação era a igreja em qualquer lugar específico, contudo, consultava outras congregações em questões de interesse ou preocupações em comum.[18]

SUBINDO AO PALCO NACIONAL

Enquanto os eventos da Guerra Civil se moviam inexoravelmente em direção a seu clímax, Owen descobriu-se cada vez mais envolvido na vida nacional. Ao mesmo tempo, sua carreira começou a interagir com a de Oliver Cromwell, o carismático general que mais tarde governaria como *Lorde Protetor* da Comunidade Britânica, incluindo Inglaterra, Escócia e Irlanda.

No verão de 1648, a cidade vizinha de Colchester [19] estava sitiada pelo General Thomas Fairfax e o Novo Exército Modelo dos Parlamentares. Owen foi convidado a pregar para as tropas[20] e tornou-se amigo pessoal de alguns dos oficiais, incluindo Henry Ireton, genro de Cromwell.[21] Passo a passo, Owen estava se tornando figura pública.

No ano seguinte, conforme vimos, ele pregou diante do Parlamento no dia após a execução de Charles I.[22] Em lugar de ceder ao triunfalismo, Owen pregou sobre o chamado à humildade e firmeza em face ao sofrimento. Três meses após aquela momentosa ocasião, foi novamente convidado a pregar diante do Parlamento,[23] tendo Cromwell na congregação.

No dia seguinte, Owen visitou a casa do General Fairfax. Enquanto Owen aguardava audiência, Cromwell e numerosos oficiais chegaram. Ao reconhecer Owen, Cromwell colocou a mão sobre o ombro dele e disse: "Senhor, és o homem que eu preciso conhecer". A resposta (rapidamente pensada) de Owen foi: "Isso será maior vantagem para mim do que para ti!" "Logo veremos isso!" replicou Cromwell, que imediatamente convidou Owen para juntar-se a ele na Irlanda, servindo como seu capelão e também como professor visitante no *Trinity College*, Dublin. O irmão mais novo de Owen, Philemon, já servia no exército e o persuadiu a aceitar o desafio.

Sendo assim, Owen acompanhou cerca de doze mil soldados que cantavam os Salmos no Novo Exército Modelo. Cromwell sitiou Drogheda, na Irlanda, que se tornara ponto focal de resistência da oposição Realista. Quando recusou aceitar os termos de rendição, o exército de Cromwell não mostrou piedade ao tomar a cidade. Estudantes de história têm discutido e debatido o número de mortes de civis, bem como a ética deste ato de Cromwell, desde então. Com certeza, Owen não foi testemunha ocular do acontecido, mas o conhecimento íntimo de tal fato provocou nele tanto uma eloquência altaneira como também um apelo apaixonado quando, ao retornar, pregou diante do Parlamento: "Como é que Jesus Cristo na Irlanda é somente *um leão que mancha todas as suas vestes com o sangue de*

seus inimigos; e ninguém o apresenta como *o Cordeiro aspergido com o próprio sangue em favor de seus amigos?*
Ele instou com os membros do Parlamento:

> Os irlandeses devem gozar a Irlanda enquanto a lua permanecer no céu, para que Jesus Cristo possua os irlandeses. [...] Quisera eu que existisse no presente um pregador do evangelho para cada cidade cercada de muros na possessão inglesa da Irlanda. A terra é condoída, e o povo perece por falta de conhecimento. [...] As lágrimas e os lamentos dos habitantes de Dublin, desejosos das manifestações de Cristo, estão sempre diante de meus olhos.[24]

Mais tarde, em 1649, Owen tornou-se pregador oficial do Palácio de Whitehall,[25] e no ano seguinte estava novamente com Cromwell, desta vez em uma expedição ao norte da fronteira para subjugar os escoceses. Ali, Owen pregou e debateu repetidas vezes. Certa ocasião, conforme reza a tradição local, encontrando-se equiparado no debate – se não superado – pelo brilhante jovem teólogo e ministro Hugh Binning, Cromwell ficou suficientemente impressionado, a ponto de pedir seu nome, e ao saber que era "Binning" (que podia ter sido pronunciado mais como "Bunning"— bunning significa amarrado como quem leva vantagem), e comentou em cáustico trocadilho: "Ele tem realmente *amarrado* bem" e então, pondo a mão na espada, acrescentou: "Mas *isso* vai *soltar* tudo novamente!"[26]

OXFORD E CROMWELL— NOVAMENTE

Em 1651, Owen tornou-se deão da Igreja de Cristo, Oxford, e em setembro do ano seguinte (ao contrário dos desejos pessoais de Owen), Cromwell o designou como vice-chanceler da Universidade. Ele pregava com regularidade em sua faculdade e também em domingos alternados, com seu amigo Thomas Goodwin, na Igreja St.

Mary.²⁷ Quando não estava pregando em St. Mary, parece que pregava para amigos da família em Stadham.

É a uma série de sermões desse período que devemos um dos livros pelos quais Owen é mais conhecido na atualidade: *On the Mortification of Sin* (A mortificação do pecado).²⁸ Ao ler este livro de tamanho de bolso pela primeira vez, a maioria dos cristãos contemporâneos ficam com o sentimento de que nunca antes leram algo semelhante. Tal impressão aumenta quando há a percepção de que a profunda análise espiritual de Owen é simplesmente versão editada das mensagens que ele pregara a uma congregação composta, em grande parte, por estudantes adolescentes. Talvez as lembranças de suas próprias lutas espirituais ressaltassem para ele a importância de se aprofundar ao máximo tão cedo quanto possível. Há poucas coisas mais importantes na vida cristã do que aprender a vencer o pecado.

Temos todos em mente certo retrato de um puritano. Frequentemente é uma visão distorcida.²⁹ Owen aparentemente não se assemelhava a essa triste má representação. Na verdade, a caricatura que seus contemporâneos faziam dele — por mais exagerado que fosse o retrato feito por seus inimigos — o rebaixavam, por pintá-lo com cores vivas. Conforme a famosa descrição feita por Anthony Wood,

> Em vez de ser exemplo grave para a Universidade, rejeitava toda formalidade, dava pouco valor à sua posição, andando de *quipo*, como se fosse um jovem estudante, com cabelo empoado, faixas de osso de cobra, laços de cambraia, um grande conjunto de fitas que apontavam para seus joelhos, e botas de couro espanhol, com largas bordas de cambraia, geralmente seu chapéu estava de aba erguida.³⁰

No entanto, até mesmo Wood foi forçado a reconhecer, sem dúvida com um toque de cinismo:

Sua pessoa era correta e decente. Portava um comportamento muito gracioso no púlpito, eloquente elocução, procedimento cativante e insinuativo, e podia, pela persuasão de sua oratória... comover e ganhar o afeto de seus ouvintes admiradores quase conforme ele quisesse.[31]

Oxford estava em estado de desordem ao final da Guerra Civil. Cinco das faculdades estavam abandonadas; algumas foram usadas principalmente como quartel dos militares. Owen se referia "às lágrimas e soluços desprezados de nossa mãe que jaz quase à morte, a Universidade."[32] Porém, a sua administração trouxe vida nova à instituição, corpo docente novo e ilustre, e um período em que grande variedade de estudantes influentes passariam por seus corredores de erudição.[33]

A maior lástima dessa década na academia parece ter sido o fato de que sua produção literária não fosse maior. Contudo, foi durante este tempo que Owen publicou diversas de suas obras mais substanciais, incluindo a *Doutrina da Perseverança dos Santos* (1654) — que era, essencialmente, uma revisão em forma de livro do tratado arminiano de John Goodwin, *Redemption Redeemed* (Redenção redimida), que se estendeu a 666 páginas na edição de Goold, de *Works* (Obras). Em constante torrente de produção literária, seguiu sua defesa do cristianismo ortodoxo contra o Socinianismo[34] em *Vindiciae Evangelicae* (que ele dedicou a Cromwell em 1655), *Of the Mortification of Sin in Believers* (Com respeito à mortificação do pecado pelos crentes, 1656), *Of Commmunion with God the Father, Son and Holy Spirit* (Da comunhão com Deus Pai, Filho e Espírito Santo, 1657), *Of Schism* (Sobre Cisma, 1657), e *Of Temptation: The Nature and Power of It* (Sobre a tentação: sua natureza e seu poder, 1658). Com certeza ele também estaria trabalhando em sua extensa obra em Latim: *Theologoumena Pantodapa* (Teologia de toda espécie, 1661).

As razões de ver a si mesmo como literariamente "inferior" não eram por indolência ou indiferença. Como ele mesmo indicou, grande parte de seu tempo era gasto em afazeres do Estado. Ele não somente foi chamado a pregar diante do Parlamento e em outras ocasiões cívicas, como também servia como um dos "examinadores" encarregados de avaliar a aptidão para o ministério do evangelho. Como tal, era frequentemente consultado, tanto por políticos quanto por pastores, em especial por Cromwell, nas questões de importância nacional e eclesiástica.[35] Owen serviu de diversas maneiras como "negociador e pessoa hábil na eliminação de dificuldades".[36]

A estrela de Owen como vice-chanceler, porém, logo estaria em declínio. O Parlamento, que lhe dera tanta esperança de uma nação dirigida por líderes autenticamente cristãos e reformados, havia, em seu pensamento, se tornado espiritualmente morno.

Em especial, Owen era profundamente perturbado e também oposto às propostas ventiladas em 1657, de que Cromwell devesse ser rei. O trono foi oferecido a Cromwell em 31 de março, e ele lutou com essa decisão por muitas semanas depois disso. No começo de maio, parece que ele estava prestes a aceitar o reinado, quando o seu genro Charles Fleetwood, Thomas Pride (que havia assinado a sentença de morte de Charles I) e outros se aproximaram dele pessoalmente com suas objeções. Eles convocaram Owen para elaborar uma petição contra a entronização de Cromwell, que imediatamente abriu mão da pretensão ao trono. Isto marcou o fim de quaisquer aspirações à realeza que Cromwell pudesse ter no passado. Marcou também o fim do fácil acesso e da influência que Owen tinha sobre ele. Mais de uma década mais tarde, Owen foi atacado pessoalmente pelo ministro anglicano George Vernon em *A Letter to a Friend Concerning Some of Dr Owen's Principles and Practices* (Uma carta a um amigo sobre alguns dos princípios e práticas de Dr. Owen, 1670). Acusado de prometer a Cromwell, em sua última doença, que ele seria curado, Owen replicou: "Eu não o vi em suja doença, nem mesmo longo tempo antes desta".[37] Embora não estivesse envolvido na instalação de Cromwell como Lorde Protetor, parece que Owen teve alguma participação no seu serviço funerário.

Foi assim que a liderança de Owen na universidade, como um todo, chegou ao fim em 1657, embora tenha permanecido como decano da Igreja Cristo até a restauração da monarquia em 1660. Apesar de suas diferenças com o Lorde Protetor, o discurso de Owen por ocasião da eleição do filho de Cromwell, Richard, ao ofício de chanceler de Oxford, está repleto de graciosidade:

> Não há necessidade de discorrer em detalhes os seus [de Oliver Cromwell] méritos ou relatar seus benefícios, quando todos estão ansiosos por reconhecer sua dívida para com ele em razão de todas as suas bênçãos... Portanto, eu me refiro deliberadamente de dar qualquer avaliação formal a respeito do mais sábio e valente dentre todos os homens que esta época rica de heroísmo produziu. Qualquer que seja a direção final da Inglaterra, ficará marcada pelos tempos que ela teve um governante que tinha a glória desta ilha, e o respeito pela religião próximo a seu coração.[38]

George Vernon também acusou Owen de ter sido "instrumento da ruína do filho [de Oliver Cromwell]" e do fracasso do Protetorado no qual ele sucedeu seu pai. Owen, com certeza, era próximo a um grupo de homens que compartilhava o desejo comum por uma república em vez de um Protetorado[39], mas ele negou a acusação reafirmando: "não tive nada a ver nem com seu estabelecimento e tampouco com sua remoção [de Richard Cromwell]."[40]

Em outubro de 1658, durante seus últimos anos em Oxford, Owen participou de um ajuntamento de representantes de cerca de cem igrejas Independentes, que se reuniram no Palácio Savoy, em Londres. Ali, numa expressão de unidade doutrinária — e em certo grau, uma defesa contra a crítica muitas vezes repetida de que a Independência, ao defender o controle congregacional local e rejeitar as hierarquias eclesiásticas, era uma forma de sectarismo que feria a igreja de Cristo[41] — os Independentes elaboraram uma declaração de fé com um extenso prefácio que provavelmente foi escrito por Owen.

Em grande medida, a Declaração de Fé e Ordem de Savoy adota o texto da Confissão de Fé de Westminster, de 1647. Suas mais substanciais modificações eram quanto à discussão sobre arrependimento (capítulo 15); o acréscimo de um capítulo 20 totalmente novo: "Sobre o evangelho e a extensão da Graça nele contido"; uma seção totalmente reescrita sobre os limites da autoridade dos magistrados com respeito à igreja (capítulo 24, seção 3), e novo texto das seções 2 e 5 no capítulo sobre a igreja (capítulo 26).

Talvez a mudança mais interessante em relação ao nosso tema seja o modo como o capítulo 2, "De Deus e da Santa Trindade", foi revisado para concluir com a adição destas palavras, que expressam uma profunda convicção da parte de Owen: "A doutrina da Trindade que é o fundamento de toda nossa comunhão com Deus e aprazível dependência nele."[42]

A RESTAURAÇÃO E REJEIÇÃO

Após a execução de Charles I, o Parlamento aboliu a monarquia e declarou a Inglaterra uma Comunidade de Nações. Porém, após o fracasso de Richard Cromwell em continuar o sucesso de seu pai como Lorde Protetor, o Parlamento o removeu e restaurou a monarquia em 1660. O rei Charles II, filho do rei a quem o Parlamento executara, foi coroado em 23 de abril de 1661, na Abadia de Westminster.

A Restauração introduziu tempos difíceis para Owen e seus colegas Não Conformistas. Uma nova situação religiosa foi estabelecida e sustentada pelos atos do Código de Clarendon, que colocou pesadas restrições sobre os Não Conformistas:

- O Ato da Corporação, de 1661, proibia cargos públicos aos Não Conformistas.
- O Ato de Uniformidade, de 1662, os excluiu de cargos na igreja. Este ato levou à expulsão de cerca de dois mil pastores da Igreja da Inglaterra, evento que ficou conhecido como *Grande Ejeção*.
- O Ato de Conventicle, de 1662, tornou ilegais as reuniões de Não Conformistas.
- Os Atos de Cinco Milhas, de 1665, proibiram pastores Não-Conformistas de viver dentro de cinco milhas de qualquer lugar em que antes tivessem ministrado.[43]

Owen rejeitou se conformar, e assim, seu serviço à Universidade de Oxford chegou ao fim. Ele se retirou à sua pequena propriedade em Stadhampton, onde procurou continuar ministrando a grupos de crentes que se ajuntavam ali e em outros lugares, em contravenção à lei. Não faltou oportunidades para voltar a se conformar (pode ter sido oferecido a ele até um bispado) ou servir em outros lugares (recebeu convite para seguir a John Cotton, na Primeira Igreja Congregacional de Boston, Massachusetts). Owen, todavia, permaneceu com outros que sofreram por amor de suas convicções. Ainda que não tivesse sido exposto às mesmas privações sofridas por alguns dos seus irmãos, parece que Owen e sua família tiveram de se mudar de uma casa para outra, onde pudessem ser hóspedes protegidos. Para um homem acostumado a mover-se com facilidade nos átrios do poder, certamente estes foram dias de profunda humilhação.

Em 1665, a Inglaterra sofreu o mais severo surto da peste desde a Morte Negra na Europa do Século XIV. Em Londres, cerca de quinze por cento da população morreu, inclusive, numa única semana fatídica, mais que sete mil pessoas morreram. A peste finalmente acabou em 1666, que foi também o ano do Grande Incêndio de Londres. Estes eventos foram considerados por muitos como juízo divino pelo tratamento que deram aos Não Conformistas. De qualquer maneira, Owen se juntou a muitos de seus irmãos puritanos na ministração aos necessitados da cidade. Tomou a oportunidade para interceder por tolerância em suas obras *Indulgence and Toleration Considered* (Indulgência e Tolerância Consideradas) e *A Peace Offering* (A Paz Ofertada, ambas publicadas em 1667). Continuou a trabalhar dos bastidores a fim de conseguir ajuda para seus colegas Independentes. Na verdade, em certa ocasião, foi forçado a defender os seus atos por ter recebido considerável soma de dinheiro do Duque de York (que era católico romano), para prestar socorro nas privações de Dissidentes sofredores. Embora tenha sido apreendido ou quase preso em diversas ocasiões, nunca ficou encarcerado.

Owen conhecia e estimava muito o sofrido "Latoeiro-pregador", John Bunyan, e parece ter sido o mediador para fazer com que seu próprio publicador, Nathaniel Ponder, publicasse a grande obra de Bunyan: *O Peregrino*. De acordo com os biógrafos de Bunyan e de Owen, certa vez o rei perguntou a Owen por que ele apreciava tanto um latoeiro inculto como Bunyan, ao que respondeu: "Pudesse eu ter a habilidade de pregação do latoeiro, eu alegremente abriria mão de todo meu conhecimento".[44]

FIEL ATÉ O FIM

Em 1673, a pequena congregação a que Owen ministrava em particular se uniu à comunidade da igreja da qual Joseph Caryl, teólogo de Westminster, fora pastor. Durante essa última década da vida de Owen, seu tempo seria gasto escrevendo, pregando e aconselhando. A sua primeira esposa, Mary, morrera em 1675. Casou-se novamente dezoito meses mais tarde, com Michel, que era viúva de

Thomas D'Oyley. Seu companheirismo deve ter preenchido grande vazio em sua vida e ao mesmo tempo trouxe muito consolo nos dias de contínuas doenças.

Durante esses anos, Owen sofria de asma severa e pedras de vesícula, e, às vezes, estava doente demais para pregar. Contudo, continuou a publicar (quase duas dúzias de itens vieram de sua pena durante essa última década). Mesmo nos meses em que estava à morte, ele trabalhava no que, por qualquer conta, é uma obra clássica de teologia, repleta de sensibilidade espiritual e devoção pessoal: *Meditations and Discourses on the Glory of Christ* (Meditações e discursos sobre a glória de Cristo).[45]

Nenhum relato da vida de Owen, por mais breve que fosse, seria completo sem incluir uma parte da carta que escreveu ao amigo Charles Fleetwood no dia anterior à sua morte, e uma conversa que teve com um colega na manhã seguinte. A Fleetwood ele escreveu:

> Vou para aquele a quem minha alma tem amado, ou melhor, que me amou com amor eterno, o qual é a base de toda minha consolação. Essa passagem é bastante enfadonha e cansativa, através de dores de diversas espécies, que são todas mandadas em meio a uma febre intermitente. Tudo foi providenciado para me levar a Londres hoje, atendendo ao conselho de meu médico, mas todos nós ficamos desapontados por minha total incapacidade de fazer a viagem. Estou deixando o navio da igreja em meio a uma tempestade, mas enquanto o grande Piloto estiver nela, a perda de um pobre remador inferior não será considerável. Viva e ore e espere e não te desespere; a promessa permanece invencível de que ele jamais te abandonará nem te desamparará.[46]

Como foi próprio que em uma de suas últimas palavras surgisse uma imagem do texto que o trouxera à segurança de Cristo, a qual agora havia muito tempo ele gozava! No dia seguinte, Owen confirmou seu senso de segurança com força ainda maior quando William Payne,⁴⁷ ministro de Saffron Waldon, o visitou para lhe dizer que seu livro, *Meditations and Discourses on the Glory of Christ*, estava indo à impressão naquele exato momento. A resposta do moribundo Owen foi memorável: "Estou feliz em sabê-lo; mas oh! irmão Payne! Finalmente é chegado o dia há muito tempo desejado, em que eu verei essa glória de outra maneira que jamais vi antes, ou seria capaz de ver enquanto neste mundo".⁴⁸

Chegando a noite daquele dia, 24 de agosto de 1683, Dia de São Bartolomeu — 21 anos após a expulsão de dois mil ministros da Igreja da Inglaterra em 1662, e no aniversário do massacre do Dia de São Bartolomeu de 1572, quando entre cinco mil e trinta mil protestantes franceses foram trucidados — John Owen estava com Cristo. Em quatro de setembro, seguido por uma longa fila de imponentes carruagens, o seu corpo foi levado a Bunhill Fields, o cemitério Não Conformista que estava próximo aos limites da cidade de Londres. Ali, com os restos mortais de amigos e colegas na labuta em Cristo — John Bunyan, David Clarkson (outrora seu assistente), seu amigo Charles Fleetwood, e muitos outros, o pó que restou de John Owen, pastor do rebanho de Cristo, pregador do evangelho de Cristo, mestre na igreja universal de Cristo, aguarda a glória da ressurreição.

Não há dúvida, por todo seu gigantesco intelecto e sua prodigiosa autodisciplina (como é que um único homem escreve vinte e quatro volumes utilizando apenas os materiais de escrita do século XVII?), que o segredo da vida de Owen não estava em seus dons naturais, mas em sua profunda devoção a Deus — Pai, Filho e Espírito Santo. Talvez o resumo de sua vida que mais combinou com suas próprias aspirações seja encontrado nestas palavras, vindas de uma defesa do caráter e da obra de Owen, *Vindication of Owen by a Friendly Scrutiny*:

> Seu porte geral era sério, animado e discursivo, suas expressões nada saboreavam de descontentamento, tinham muito do

céu e do amor a Cristo, aos santos e a todos os homens; estes se aproximavam dele tão seriamente e espontaneamente, como se a graça e a natureza estivessem nele reconciliados, sendo uma só coisa.[49]

Até hoje, as palavras do epitáfio de Thomas Gilbert se encontram na sua lápide:

> *Et, missis Caeteris, Coluit ipse, Sensitque, Beatam quam scripsit, cum Deo Communionem.* E, desprezando outras coisas, ele amou e experimentou a bendita comunhão com Deus, sobre a qual ele escrevia.

À maravilha deste privilégio, e à singular exposição que Owen faz da mesma, voltaremos agora.

CAPÍTULO 2

No Nome do Pai, do Filho e do Espírito Santo

> *[O ensino de Owen sobre a comunhão com a Trindade] nos impele a buscar a face de "Deus em três Pessoas" e nos deleitar no rico alimento de sua "casa de banquetes". Para os que procuram segurança de sua salvação é algo especialmente precioso.*
> — D. Martyn Lloyd-Jones

Por que escrever sobre a comunhão com a Trindade? Pode um tema desses ter algum valor prático para a vida cristã hoje?

Como é fácil perder de vista o que é básico no Novo Testamento e seu ensino sobre o significado de ser cristão. Pois toda a vida cristã, desde seu início, é vivida à luz do fato de que fomos batizados "em nome do Pai, do Filho e do Espírito Santo".[1]

Ser cristão é, primeira e principalmente, pertencer ao Deus trino, recebendo um nome dado por ele. Este é o coração e cerne dos privilégios do evangelho. Antes éramos estranhos à família de Deus, opostos a Cristo, sem desejo ou poder para agradá-lo. Mas agora, por meio do Filho enviado ao mundo pelo Pai para nos salvar, e o Espírito, que nos traz todos os recursos de Cristo, alcançamos "a graça do Senhor Jesus Cristo, e o amor de Deus, e a comunhão do Espírito Santo."² Tornar-se crente em Cristo é ser conduzido a uma realidade muito maior do que qualquer coisa que pudéssemos imaginar. Significa comunhão com o Deus trino.

Porém, não é verdade que, a despeito de alguns sinais encorajadores, muitos cristãos raramente pensam sobre a importância de Deus ser uma Trindade? Às vezes parece que um Deus de uma única pessoa bastaria parta nos satisfazer — quer fosse essa pessoa o Pai ou Filho ou Espírito Santo. Pensar em Deus como uma tri-unidade simplesmente complica as coisas. Pode parecer assim, já que a doutrina da Trindade certamente é (1) a mais teórica e (2) a menos prática de todas as doutrinas cristãs — não é mesmo? É teórica — pois como pode Deus ser três-em-um? E nada prática, já que aparentemente não faz diferença para a vida cristã no dia a dia.

UMA VERDADE NEGLIGENCIADA

Muitos cristãos se surpreendem ao aprender a espécie de companhia que mantemos quando pensamos dessa maneira, pois essa era a visão dos filósofos do Iluminismo. Na verdade, é precisamente o ponto de vista de Emanuel Kant (1724-1804), famoso por escrever: "A doutrina da Trindade, tomada literalmente, não tem a mínima relevância prática, mesmo quando pensamos entendê-la; e é mais claramente irrelevante se percebermos que transcende a todos os conceitos".³

Um século mais tarde, Friedrich Schleiermacher (1768-1834), chamado muitas vezes de "Pai da teologia moderna", afetou ainda mais a igreja cristã ao relegar a discussão sobre a Trindade a um apêndice em sua obra principal, *A Fé Cristã*. O que era outrora a posição do cristianismo liberal, hoje reaparece entretecido no evangelicalismo moderno. Vivemos uma época que enfatiza a vida cristã na prática; temos pouca paciência para a difícil doutrina da Trindade.

E então, Kant estava certo? Será que a doutrina da Trindade "não possui relevância prática"?

John Owen enfrentou reações similares: por um lado, ataques quanto à natureza "irracional" da doutrina da Trindade, e do outro, ênfase sobre apenas uma ou outra pessoa (Pai *ou* Filho *ou* Espírito Santo). No entanto, Owen cria que, em vez de ser especulativa, a doutrina da Trindade oferecia a luz pela qual tudo mais ficava claro. Em vez de ser nada prática, era a verdade mais prática de todas — pois o que poderia ser mais prático do que conhecer o Pai em Jesus Cristo pela obra iluminadora do Espírito Santo? Pois certamente esta é a "vida eterna" da qual Jesus falou: "E a vida eterna é esta: que te conheçam a ti, o único Deus verdadeiro, e a Jesus Cristo, a quem enviaste".[4]

À luz disso, pode parecer confuso que a "vida eterna" possa ser reduzida a um sentimento de paz, de encontrar propósito, ou, infelizmente, conseguir avanços no projeto de vida pessoal. Em contraste a essas ideias, o próprio Jesus descreveu a vida eterna como conhecer a Deus.

Tal conhecimento de Deus é nosso motivo de orgulho, observou Paulo: "para que, como está escrito: 'Aquele que se gloria, glorie-se no Senhor'".[5] As suas palavras ecoam a grande declaração de Jeremias: "Assim diz o SENHOR: Não se glorie o sábio na sua sabedoria, nem o forte, na sua força, nem o rico, nas suas riquezas; mas o que se gloriar, glorie-se nisto: em me conhecer e saber que eu sou o SENHOR e faço misericórdia, juízo e justiça na terra; porque destas coisas me agrado, diz o SENHOR".[6]

Esta não é uma perspectiva mais da antiga aliança do que da nova aliança. Pois, mais tarde, falando como porta-voz de Deus, Jeremias previu os dias da nova aliança: "Não ensinará jamais cada um ao seu próximo, nem cada um ao seu irmão, dizendo: Conhece ao SENHOR, porque todos me conhecerão, desde o menor até ao maior deles, diz o SENHOR. Pois perdoarei as suas iniquidades e dos seus pecados jamais me lembrarei".[7]

O perdão dos pecados que gozamos, a paz com Deus que recebemos, na verdade, nossa justificação e reconciliação são, em certo sentido, meios para este grande fim — que o conheçamos. É por isso que Paulo descreve a conversão nestes termos: "mas agora que conheceis a Deus".[8] Com certeza é por isso que o Senhor Jesus, nas horas mais tristes da vida de seus discípulos, gastou tempo ensinando-os sobre o conhecimento de Deus, e especialmente as inter-relações do Pai, do Filho e do Espírito Santo, além do significado desses relacionamentos para os crentes.[9]

Owen partilhava a magnífica visão de seu Mestre. Fomos criados para conhecer e amar a Deus em toda a sua glória. Para vergonha nossa, viramos as costas a tal honra: "porquanto, tendo conhecimento de Deus, não o glorificaram como Deus, nem lhe deram graças; antes, se tornaram nulos em seus próprios raciocínios, obscurecendo-se-lhes o coração insensato".[10]

A maravilha do evangelho é que somos restaurados a este alto privilégio quando aprendemos a "nos revestir do novo homem que se refaz para o pleno conhecimento, segundo a imagem daquele que o criou".[11] Não é de surpreender, portanto, que alguém tão imbuído do pensamento bíblico quanto John Owen colocasse o conhecimento de Deus Pai, Filho e Espírito Santo, no centro de seu ensino.

AS RESPOSTAS DE OWEN

Poderíamos esperar que John Owen tivesse suas próprias respostas às duas razões mais comuns pela negligência do pensamento e da vida Trinitariana.

1. Sugerir que a Trindade seja uma doutrina irracional é fazer do homem e de sua própria razão a medida de todas as coisas.

Assume, de modo comum, a falsa filosofia de que Deus é como o homem, e sempre que falamos ou pensamos nele, atribuímos a ele apenas versões maiores daquilo que é verdade quanto a nós mesmos. Mas, como Karl Barth comentou espirituosamente certa vez: "*Não* se pode falar de Deus simplesmente ao falar do homem com uma voz mais alta".[12]

A verdade é que somos propensos a olhar pelo lado errado do telescópio. Movemo-nos do homem para Deus. Mas o pensamento verdadeiro — que reconhece a verdadeira distinção entre Criador e criatura, entre o Infinito e o finito — tem de começar sempre a partir de Deus. Não é tanto que descrevemos a Deus em termos *antropomórficos*; é que ele nos criou de forma *teomórfica*. Somos nós as miniaturas. Em nós — gente criada, finita — estão embutidos reflexos microcósmicos de realidades que são verdadeiras quanto ao próprio Deus de modo macrocósmico, não criado e infinito.

Owen entendia isso, e disse (em uma declaração admitidamente desafiadora ao intelecto): "Em essência, dizer que só pode haver uma pessoa poderá ser verdade quando a substância for finita e limitada, mas não tem lugar naquilo que é infinito".[13]

Da perspectiva de criatura, portanto, o ser trinitário de Deus não pode mais ser considerado *irracional*, mas *suprarracional*. Aquilo que vai além da razão humana não é necessariamente contraditório em relação à razão verdadeira e última. A mente finita não consegue compreender a mente infinita de Deus. Conquanto possamos *apreender* a divindade de Deus, fica patente que não podemos *compreendê-la* completamente. Pensar de outro modo nos faria cair sob a crítica de Martinho Lutero quanto ao eminente humanista Desiderius Erasmus (1466–1536): "Vossos pensamentos sobre Deus são demasiadamente humanos".[14]

Há lugares em nossa busca por entendimento onde chegamos aos limites da mente humana. O que é finito não tem a capacidade plena de alcançar e entender o infinito. Mas a maneira como nós respondemos exatamente neste ponto é significativa. Será que diremos com Nietzsche: "Mas revelar todo meu coração a vós, meus amigos, *se* houvesse deuses, como poderia eu suportar não ser um deus! *Portanto*, não há Deuses"?[15] Ou nos curvaremos, "perdidos em maravilha, em amor e louvor",[16] porque reconhecemos que chegamos ao horizonte do entendimento humano e só podemos contemplar, pasmos, o Deus tão infinitamente grande e glorioso, que ama e cuida de nós? Nisto está a diferença entre a abordagem de alienação e a abordagem da fé.

2. Owen está interessado em nos conduzir além da controvérsia intelectual. Pois, longe de ver a Trindade como doutrina nada prática e abstrata, ela é, para ele, necessariamente, a mais prática de todas as doutrinas, simplesmente porque conhecer Deus é vida eterna.

Porém, antes de examinar detalhadamente as implicações de tal conhecimento, temos de ver como Owen entende os ensinamentos da Bíblia com respeito à Trindade.

SOBRE A TRINDADE

Owen se coloca sem receio sobre os ombros de multidões de cristãos que o precederam. Ele vê que o ensino bíblico é de fato bastante claro: Deus é um.[17] No entanto, Pai, Filho e Espírito Santo são vistos, cada um, como sendo divino. Não é apenas o Pai o próprio Deus, mas o Novo Testamento aplica a Jesus citações do Antigo Testamento que, em seu contexto original, se referem claramente ao ser divino.[18] Além disso, os atributos e atos divinos e pessoais são atribuídos ao Espírito Santo.

É por esta razão que os cristãos são batizados em um único nome, que tem uma tríplice pronunciação: "Pai, Filho e Espírito Santo".[19] Aqui, Owen dá uma nova guinada em uma observação feita pelo antigo pai da igreja, Atanásio, dizendo que, se o Filho e o

Espírito não são divinos, então somos inexplicavelmente batizados em nome do único Deus e de duas criaturas. Owen nota: "Se aqueles em cujo nome nós somos batizados não forem de natureza una, somos, pelo nosso batismo, envolvidos no serviço e culto de mais deuses do que um só".[20]

Como esta pode ser uma doutrina *prática*? Para Owen, isso é como perguntar como o casamento seria um sistema prático. A presença e o caráter de nosso cônjuge mudam absolutamente tudo! Ele desenvolve dois aspectos da teologia trinitariana que foram expostas primeiramente pelos pais da igreja. A primeira é a doutrina das obras da Trindade (*opera Trinitatis*). A segunda é a doutrina das atribuições das pessoas da Trindade (*appropriationes personae*).

Estas expressões poderão parecer obscuras e complexas, porém são, na verdade, doutrinas muito belas, que, de maneira maravilhosa, abrem para nós o que significa conhecer a Deus, nos ajudando a gozar de comunhão com ele.

Opera Trinitatis ad extra sunt indivisa

Esta sentença, que soa grandiosa, é possível traduzir com pouco ou nenhum conhecimento do Latim: as obras externas da Trindade são indivisíveis. É outra forma de dizer que quando Deus age, ele sempre age como Deus, a Trindade. Os pais da igreja tinham uma declaração correspondente com respeito ao ser interior de Deus como Trindade,[21] deixando implícito que a comunicação de amor entre qualquer uma das pessoas divinas sempre envolve as três pessoas. A declaração de Paulo de que "o Espírito a todas as coisas perscruta, até mesmo as profundezas de Deus"[22] deixa isto implícito. Quer dizer que, quando Jesus falou sobre o amor do Pai pelo Filho e o amor do Filho pelo Pai, ele não excluiu o Espírito deste abraço mútuo. Na verdade, Agostinho ensinou que em certo sentido o Espírito é o elo deste abraço.

Em todos os atos e expressões do amor de Deus e de seu propósito para com o cosmos, especialmente para com homens e mulheres criados à sua imagem, cada pessoa da Trindade está envolvida. Isso fica especialmente claro em suas notáveis ações na criação e encarnação.

O Pai é o Criador, no entanto, ele fez todas as coisas por intermédio de seu Filho, o Verbo, sem o qual "nada do que foi feito se fez".[23] Já em Gênesis 1.2, lemos sobre o Espírito de Deus pairando sobre as águas, como executivo divino que superintendeu a criação originalmente sem forma, vazia, em trevas, a fim de trazer ambas, forma e plenitude à luz de Deus.

Mais adiante, o Pai enviou seu Filho. O Filho veio voluntariamente, assumindo nossa carne e carregando nossos pecados. Foi concebido no ventre da virgem Maria. Da mesma forma, na ressurreição, o Pai levantou o Filho. O Filho saiu do túmulo, mas o fez no poder do Espírito. Ele foi "designado Filho de Deus com poder, segundo o espírito de santidade pela ressurreição dos mortos, a saber, Jesus Cristo, nosso Senhor".[24] Como outros antes dele,[25] Owen estava impressionado pela linda afirmação de Gregório de Nazianzo: "Não posso pensar no Deus único sem ser imediatamente cercado pelo esplendor dos Três, nem posso discernir as Três Pessoas sem ser imediatamente atraído de volta àquele que é um".[26]

Estes três, diz Owen: "assim *conhecem* um ao outro, *amam* um ao outro, se *deleitam* um no outro".[27] Não é surpresa que Agostinho escrevesse: "Em nenhum outro assunto é o erro mais perigoso, ou a inquirição mais trabalhosa, ou a descoberta da verdade mais proveitosa".[28] Há aqui mistério, mas é um mistério de infinita glória, que conduz à humilde adoração e devoção.

Há ainda outro aspecto à doutrina clássica da Trindade que Owen convoca a servir. É essa segunda dimensão que ele desenvolve com detalhes incomuns, senão singulares, de maneira tal que nos leva a apreciar mais profundamente o que significa conhecer a Deus. Esta é a doutrina das atribuições.

Appropriationes Personae

Se a doutrina da *opera Trinitatis* ressalta a *unidade* da Trindade, a doutrina das *atribuições* ressalta a diversidade de papéis e funções entre Pai, Filho e Espírito Santo. Esta doutrina significa que cada pessoa expressa a sua pessoalidade específica, tanto internamente (com relação às outras pessoas) quanto externamente (com relação ao cosmos e especialmente à humanidade).

Há um relacionamento profundo entre as disposições e os atos de cada pessoa da Trindade e a natureza do conhecimento do cristão e sua comunhão com essa pessoa. Nossa experiência do Pai, do Filho e do Espírito Santo é formada pelo papel específico que cada um desempenha em relação a nossa vida, em especial na nossa salvação.

Esta simples verdade — mas que expande a mente e os afetos — pode ser ilustrada de modo simples, pela confusão no discurso que às vezes ouvimos quando escutamos outra pessoa orando. Por acidente, displicência ou ignorância, uma pessoa se dirige a Deus em oração como "Pai nosso" e agradece-o por tudo que ele tem feito. Mas então, talvez perdendo o fio do que está dizendo, agradece o Pai por, entre outras coisas, "ter morrido na cruz por nós". Sem querer, ele se torna culpado de uma conhecida heresia de título latino sofisticado: *patripassianismo*.[29]

O Pai não sofreu e morreu por nós na cruz. Foi o seu Filho, Jesus Cristo, quem o fez. Embora certamente seja correto (e mais que apropriado) louvar ao Pai por *enviar* seu Filho para morrer por nós, um momento de reflexão confirmará que o próprio Pai não morreu.

Antes de prosseguir, vale a pena fazer uma pausa para refletir sobre algumas implicações práticas daquilo que acabamos de dizer. Pois se nem o Pai nem o Espírito morreu por nós na cruz, quer dizer que devemos louvar somente ao Filho por fazer tal sacrifício. Temos razões singulares por agradecê-lo (distintamente do Pai e do Espírito), o que significa que existe um elemento singular à nossa comunhão com ele. No entanto, ao mesmo tempo, isso sugere também que existam elementos em nossa comunhão com o Pai ("Pai, obrigado por enviar o teu próprio Filho por mim") e com o Espírito Santo ("Espírito Santo, obrigado por estar com Jesus e sustenta-lo quando ele morreu por mim na cruz"[30]).

Tal entendimento está sempre expandindo. Quanto mais refletimos sobre o modo como a Escritura detalha as atividades do Pai, do Filho e do Espírito, mais plena e rica é nossa comunhão com Deus. Não será mais uma comunhão com um ser não diferenciado, mas comunhão com um ser profundamente pessoal, na verdade tri-pessoal, com tudo que ele é em suas três pessoas, cada qual do *Três indivisível* se fazendo conhecido a nós de maneiras especiais e distintas.

O DEUS VIVO

Isso, para John Owen, estava no coração do que significa conhecer a Deus e desfrutar de comunhão com ele.[31] Assim como é inconcebível que um Deus unitarista tenha comunhão pessoal dentro de seu próprio ser, também é inconcebível que um cristão goze comunhão com um Deus que, tendo toda espécie de atributos, não conseguisse expressá-los dentro de seu próprio ser. Tal deus não é o Deus vivo de maneira nenhuma, mas impessoal e estático.

Em contraste, o Deus da Bíblia é o Deus vivo — intercâmbio do Pai com Filho, Filho com Espírito, Espírito com Pai, Pai e Filho com Espírito, Espírito e Filho com Pai, Pai e Espírito com Filho. Era isto que os pais da igreja gregos chamavam de *perichoresis* — o mover para dentro e para fora (como em uma dança coreografada) do Pai, do Filho e do Espírito Santo, em um cosmos interno eterno, autossuficiente de amor e santa devoção, e em infindo conhecimento mútuo.

Talvez o mais próximo que experimentaremos disso seja a descoberta de uma amizade ou amor, no qual os envolvidos parecem se perder e se encontrar em uma fascinação e satisfação sem fim de conhecer e ser conhecido, amar e ser amado por outra pessoa. O próprio tempo parece ter parado ou se tornado em um fluxo interminável; *ser* parece muito mais significante do que *fazer*; estar *juntos* se torna um prazer que a tudo absorve, consome e exige.

John Owen começou a aprender dos apóstolos que lá no fundo, no fundamento do conhecimento de Deus, no viver e no deleitar-se com a vida cristã, asseguram a experiência dessas verdades básicas:

> Vindo, porém, a plenitude do tempo, Deus enviou seu Filho, nascido de mulher, nascido sob a lei, para resgatar os que estavam sob a lei, a fim de que recebêssemos a adoção de filhos. E, porque vós sois filhos, enviou Deus ao nosso coração o Espírito de seu Filho, que clama: Aba, Pai![32]

> Ide, portanto, fazei discípulos de todas as nações, batizando-os em nome do Pai, e do Filho, e do Espírito Santo[33]

> O que temos visto e ouvido anunciamos também a vós outros, para que vós, igualmente, mantenhais comunhão conosco. Ora, a nossa comunhão é com o Pai e com seu Filho, Jesus Cristo.[34]

> A graça do Senhor Jesus Cristo, e o amor de Deus, e a comunhão do Espírito Santo sejam com todos vós.[35]

Isto, então, diz Owen, "pressiona ainda mais a verdade que está sob demonstração; havendo tal distinta comunicação da graça entre as diversas pessoas da Divindade, *os santos precisam ter comunhão distinta com essas pessoas*".³⁶

Temos agora de nos voltar para as ricas maravilhas desta comunhão com cada pessoa da Trindade.

CAPÍTULO 3

Comunhão com o Pai

Estou bem consciente de que os escritos de Owen atualmente não estão na moda... Contudo, este grande conhecedor das coisas divinas... [tem] maior erudição e conhecimento sadio da Escritura em seu dedo mindinho do que aqueles que o depreciam possuem no corpo todo. Afirmo sem hesitar que quem deseja estudar teologia prática não encontrará livros iguais aos de Owen.[1]

— J.C. Ryle

A comunhão com Deus sempre envolve ter prazer em toda a Divindade. Contudo, conforme vimos, significa também ter prazer com cada pessoa da Trindade. Existe um "sabor" distinto quanto à nossa comunhão com o Pai, com o Filho e com o Espírito Santo.

A CENTRALIDADE DO AMOR

Os cristãos gozam da comunhão com o Pai *em amor*. Sim, a Escritura fala do amor de Jesus, o Filho, e também do Espírito Santo como aquele que derrama o amor de Deus em nossos corações. Porém, coloca ênfase especial sobre o amor do Pai que flui a nós pelo Filho e pelo Espírito. Sendo assim, quando João escreve que "Deus é amor",[2] ele tem em vista em especial o amor de Deus Pai, pois continua explicando como este amor nos foi conhecido pelo modo como "Deus [ou seja, o Pai] enviou seu Filho unigênito ao mundo".[3]

Deus Pai é caracterizado por sua natureza infinitamente graciosa, terna, compassiva e amorosa. Esta, diz Owen, "é a grande descoberta do evangelho".[4] Fora de Cristo, só conhecemos a Deus como cheio de ira; não conseguimos pensar nele de outra forma. É claro que as pessoas dirão que "acreditam em um Deus de amor". Mas sem Cristo, isto será ou autoengano ou capital emprestado do evangelho. Pois sem Cristo, não podemos ter confiança certa do amor de Deus. A providência é misturada demais com a tragédia, e a história maculada demais pela maldade para que consigamos ler em suas páginas: "Deus é amor". Se crermos que Deus é amor baseados no fato das coisas estarem bem em nossa vida, a nossa confiança de dissolverá no momento que as coisas azedarem. Não; fora de Cristo, a convicção de que Deus seja amor é invenção de nossa imaginação. A verdade é que, fora de Cristo, só existe juízo e ira.

Mas o evangelho gloriosamente afirma o amor que o Pai tem por pecadores perdidos.[5] Ele enviou o Filho para que não perecêssemos, mas tivéssemos a vida eterna[6]; é nele que encontramos a benção de seu amor.[7] Foi esta a mensagem que o Salvador enfatizou aos discípulos antes de sua paixão e morte: "Porque o próprio Pai vos ama".[8]

Fica claro que esse amor não existe nem se manifesta à parte do Filho: "Mas Deus prova o seu próprio amor para conosco pelo fato de ter Cristo morrido por nós, sendo nós ainda pecadores".[9] Também não experimentamos esse amor sem que seja pelo Espírito Santo. Pois "o amor de Deus [isto é, o amor do Pai] é derramado em nosso coração pelo Espírito Santo, que nos foi outorgado".[10] Sendo assim, essas correntezas de amor fluem até nós da fonte que é Deus Pai.

"Tudo que você precisa é amor". Em certo sentido, isso é verdade. Mas *amor* é um termo de múltiplas facetas, uma descrição compreensiva usada na Escritura para uma realidade multidimensional. Eu amo a teologia, amo minha esposa, amo minha família, amo jogar golfe e amo a Deus. Essa lista não apenas está fora da ordem de prioridade, mas também meu "amor", em cada um desses exemplos, tem sabor distinto, uma nuance diferente, que vai desde "tenho prazer em" até "adoro". Assim, o que queremos dizer quando falamos sobre o amor de Deus? Necessitamos usar uma variedade de categorias se quisermos descrever *como* Deus ama.

FAZENDO DISTINÇÕES

Em comum a outros teólogos que procuraram pensar mais sobre essas questões, e fazem cuidadosas distinções analíticas, Owen empregava uma série de categorias para destacar as diversas formas em que amamos, e em especial as maneiras como Deus ama: o amor de benevolência, o amor de beneficência e o amor da complacência.

Tais categorias foram resumidas e descritas de maneira bem clara pelo contemporâneo mais jovem de Owen, o teólogo de Genebra, Francis Turretin (1623–87):

> É comumente aceito um tríplice amor de Deus; ou melhor, há três graus do mesmo e único amor.
> Primeiro, existe o amor da benevolência, pelo qual Deus desejou o bem à criatura desde a eternidade; segundo, o amor da beneficência, pelo qual ele faz o bem à criatura em tempo e de acordo com sua boa vontade; terceiro, o amor da complacência, pelo qual ele se deleita na criatura devido aos raios de sua imagem que podem ser vistos nela...

Pelo primeiro, ele nos elege; pelo segundo, ele nos redime e santifica; mas pelo terceiro ele graciosamente recompensa os seus como sendo santos e justos. João 3.13 refere-se ao primeiro aspecto; Efésios 5.25 e Apocalipse 1.5, ao segundo; Isaías 62.3 e Hebreus 11.6, ao terceiro.[11]

Owen utiliza essa espécie de categorização em expressões tais como o amor do bom prazer, o amor de descanso e complacência, o amor de amizade, o amor de assimilação, o amor de aprovação, e assim em diante.

Tais "divisões" parecem frustrantes e desnecessariamente escolásticas para muitos cristãos. Frequentemente, o termo "Escolástico" é empregado como repreensão teológica, com intenção de introduzir um mau odor. Contudo, as pessoas que utilizam o termo assim são, às vezes, exatamente as pessoas que ficam esquentadas quando estranhos se referem a um meio de campo no futebol como zagueiro, confundem diferentes termos do futebol, descrevem alguém que mora no Brasil como latino ou algum escocês como sendo "inglês"! Não são essas distinções apenas "escolásticas"? Fazer tal pergunta é respondê-la. O entendimento certo sempre envolve fazer distinções cuidadosas.

Claro, jamais deveremos substituir as distinções pela coisa em si; sempre precisamos reconhecer que essas distinções são simplesmente um modo útil de nos ajudar a entender o todo. Isto é verdade quanto ao amor do Pai. Não é um conceito amorfo: "Deus ama a você". Owen nos ensina a demorar-nos em volta do seu amor, a meditar em sua natureza multifacetada, a fim de apreciar a sua maravilha.

Assim, de acordo com Owen, precisamos refletir sobre o amor que ele teve por nós antes mesmo que nascêssemos, e o que planejou para as nossas vidas (o amor da benevolência). Este divino amor se expande de volta à eternidade e para frente no tempo futuro. Há o amor que ele demonstrou na história ao fazer o bem a todas as pessoas (o amor da beneficência). Há também o amor, planejado pela eternidade e expresso em Cristo, que passamos a experimentar (o amor da complacência). Custou caro o seu amor a nós pecadores, pois requereu disposição de enviar seu Filho e entregá-lo à morte da cruz, a fim de cumprir seus propósitos de amor por nós. Sabemos que ele nos amou, contudo, mais que isso, agora temos experiência do amor com que ele nos amou. Ele ainda nos ama assim. Na verdade, o Pai, ele mesmo, ama os seus![12] Que conhecimento poderia ser mais maravilhoso que isso? O Pai vem e faz em nós a sua habitação.[13]

DOENÇA DA ALMA E REMÉDIO DO EVANGELHO

John Owen era grande acadêmico multilinguista e multidisciplinar. Porém, durante grande parte de sua vida, serviu ou como pastor de congregações locais ou em relações pastorais com outras congregações. Além disso, a sua peregrinação espiritual não foi, de modo algum, sem rodeios. A sua experiência e seu chamado combinaram para torná-lo profundamente sensível à condição espiritual, a qual ele observava como sendo algo que perturbava muitos cristãos. As observações de pastores antes e depois dele simplesmente confirmam o juízo de Owen, de que existe uma doença espiritual que estraga nossa comunhão com Deus.

Em seus primeiros anos, parece que Owen esteve perturbado quanto a seu relacionamento com Deus. Existem evidências de que ele tenha passado por mais que um período de desânimo espiritual e até mesmo depressão. A primeira vez em que foi liberto disso veio, conforme vimos, quando um desconhecido substituiu o pregador esperado, Edmund Calamy, e pregou sobre as palavras de Jesus aos discípulos: "Por que sois tímidos, homens de pequena fé?"[14] Este sermão foi o meio de "conduzi-lo adiante, ao brilho do sol de uma paz resolvida".[15] Mas, provavelmente, esses períodos de perturbação foram também a razão pela qual Owen desenvolveu, durante toda a sua vida, uma preocupação por outras pessoas que tinham pouco ou nenhum senso de paz com Deus.

Owen refere a este problema várias vezes, no contexto de sua exposição da comunhão com o Pai em amor. O problema, conforme ele vê — corretamente, com certeza — é que muitos cristãos, no fundo do coração, não estão convencidos de que o Pai realmente ama. Uma extensa citação de Owen deixa claro este ponto:

> Há um amor divino de dois aspectos, *beneplacti* e *amicitiae*, amor de bom prazer e destino, e amor de amizade e aprovação. Ambos são peculiares e eminentemente atribuídos ao Pai: — João 3.16, "Deus amou o mundo de tal maneira que deu", etc.; isto é, com o amor de seu propósito e beneplácito, sua vontade determinada de fazer o bem. Isto é distintamente atribuído a Deus Pai, sendo afirmado como a causa pela qual enviou seu Filho. [...] Em João 14.23, há menção da outra espécie de amor da qual falamos. "Se alguém me ama, guardará a minha palavra; e meu Pai o amará, e viremos para ele e faremos nele morada". O amor da amizade e aprovação aqui é eminentemente atribuído a ele. Diz Cristo: "Viremos a ele", mesmo o Pai e o Filho, "e nele faremos morada"; ou seja, pelo Espírito, ainda que ele (Jesus) queira que observemos que, no ponto do amor, o Pai tem uma prerrogativa peculiar: "Meu Pai o amará." Sim, e como este amor deve ser visto de maneira peculiar nele, assim deve ser visto como *fonte* de todas as disposições graciosas que seguem. *Frequentemente os cristãos caminham com corações excessivamente conturbados quanto aos pensamentos do Pai para com eles. Estão persuadidos do Senhor*

Cristo e de sua boa vontade; a dificuldade se encontra em crer sobre sua aceitação pelo Pai.[16]

De tempos em tempos, na enorme massa dos escritos de Owen, percebe-se um senso de apaixonada inquietação. Ele não abre mão de um tema até que o tenha exaurido. Este é um desses lugares. Owen é como um médico que enfrenta uma doença quase intratável, resolvido a encontrar um diagnóstico, para então prescrever uma cura.

Qual é exatamente o problema aqui? Há cristãos que não estão profundamente convencidos do amor que seu Pai celeste tem por eles. Conseguem entender o amor de Cristo, mas parece haver uma lacuna cognitiva ou dissonância entre a sua confiança em Cristo e sua confiança no Pai. É quase como se temessem que, por trás de Cristo, o Pai, na verdade, seria distante e obscuro, até mesmo sinistro:

> Muitos pensamentos negros e perturbadores podem surgir disto. *Poucas pessoas conseguem elevar sua mente e coração a esta altura pela fé, a ponto de descansar sua alma no amor do Pai; vivem abaixo dele na região incômoda de esperanças e temores, tempestades e nuvens. Tudo aqui é sereno e calmo. Mas como alcançar tal nível, eles não sabem.*[17]

Mais tarde, Owen novamente fecha o cerco de proteção:

> Quão poucos dentre os santos conhecem por experiência este privilégio de manter comunhão imediata com o Pai em amor. Com que pensamentos de ansiedade e dúvida eles o contemplam! Que temores, que questionamentos há, de sua benignidade e bondade! *No máximo, muitos pensam não haver doçura nele para conosco, exceto a qual foi comprada no*

alto preço do sangue de Jesus. É verdade que somente nisto está o caminho da comunicação; porém, a fonte livre e manancial de tudo está no seio do Pai.[18]

Qual é o problema detectado por Owen? Poderíamos chamar de "teologia da serpente", pois o relato do primeiro ataque sobre a relação entre Deus e os seus filhos, portadores de sua imagem, tinha em vista isso.

Qual é a natureza do ataque? Em termos formais, as palavras da serpente lançaram dúvidas sobre o conteúdo, a veracidade e a confiabilidade da Palavra de Deus: "Será que Deus realmente disse isso...?" E quando Eva responde que Deus disse que eles morreriam se comessem o fruto da Árvore do conhecimento do bem e do mal: "É certo que não morrereis. Porque Deus sabe que no dia em que dele comerdes se vos abrirão os olhos e, como Deus, sereis conhecedores do bem e do mal". Entretecida na abordagem da serpente estava uma atividade mais sutil arraigada em uma motivação mais sinistra. O torcer da palavra de Deus é feito para distorcer o caráter de Deus aos olhos de Eva. Deus lhes havia dado desfrutar dos frutos de todas as arvores do jardim.[19] Em todo o pomar, somente uma fruta foi proibida.

Isso foi de generosidade pujante da parte de Deus, e o mandamento negativo era simples e facilmente manejável. Estava claro que o Pai Celestial desejava que seus filhos demonstrassem amor, confiança e obediência a ele simplesmente por fazer o que ele mandou. Desta forma, cresceriam na fé enquanto davam glória a Deus.[20] A obediência a seu mandamento só podia fortalecer sua confiança e seu amor.

Mas a serpente torce habilidosamente o mandamento: "É assim que Deus disse: Não comereis de toda árvore do jardim?"[21] Como Deus seria maldoso e desprezível se fizesse uma ordem dessas! Porém, o questionamento da serpente foi, claro, uma insinuação sutil, motivada por ódio, com a intenção de perverter o caráter e as motivações do grande, gracioso, bondoso e generoso Criador. "Ele na verdade não ama vocês" foi o que a serpente deixou implícito. Estava estimulando-os a reclamar a Deus: "O Senhor nunca nos dá nada para desfrutarmos!" Infelizmente apesar de Eva inicialmente discordar, a serpente conseguiu o que queria.

No final das contas: "eles mudaram a verdade de Deus em mentira, adorando e servindo a criatura em lugar do Criador".[22] A mentira era a seguinte: "Na verdade o Pai não ama vocês. De fato, ele é maldoso, não gosta que vocês tenham qualquer prazer, restringe suas vidas, e, em suma, é um capataz muito duro". A consequência do funesto fracasso de Eva foi a entrada, na psique humana, agora distorcida pelo pecado e pela queda, de uma visão torta e perversa do caráter de Deus. Ele se torna agora o policial, estraga-prazeres, um ranzinza divino.[23] A sua honra e glória são vistas agora, por definição, como inimigas de nossa liberdade e alegria.

Sim, as pessoas dirão que acreditam em um "Deus de amor". Mas eles enganam a si mesmos, e suas vivas mostram isso, pois não amam a Deus de coração, alma, mente e forças, nem o adoram com zelo e firmeza. A verdade é que o mantra deles, "Meu Deus é um Deus de amor" é uma cortina de fumaça, uma fantasia de sua imaginação. Por baixo de tudo está uma profunda desconfiança de Deus — de outra feita, por que não deveriam entregar toda sua vida em total renúncia para tudo que ele diz ou pede?

Cristo nos dá indicações de como ele mesmo entende isso. O filho pródigo da parábola em sua volta[24] passa a viagem, de volta ensaiando a sua fala: "Trata-me como um de teus trabalhadores". Ele não espera ver seu idoso pai juntando seu manto e quebrando a etiqueta social correndo morro abaixo, abraçando e beijando-o, celebrando o seu retorno. Não; a etiqueta judaica justa requeria uma cerimônia de vergonha, não uma festa de boas-vindas. O filho mais velho, que permaneceu em casa, compartilha esse mesmo espírito:

"Olhe, nesses muitos anos tenho servido ao Senhor... no entanto, o Senhor nunca me deu um cabrito sequer para celebrar com meus amigos", reclama. Ele se vê como escravo, não como filho. Não tem o mínimo senso do amor do pai. De modo marcante, Jesus pinta um retrato desse mesmo espírito em sua parábola das minas, onde o servo, em vez de usar os bens do mestre de forma produtiva, o devolve ainda amarrado no lenço em que o escondeu. Por quê? "Pois tive medo de ti, que és homem rigoroso; tiras o que não puseste e ceifas o que não semeaste".[25] Diz isso ao mestre que acabou de dizer ao servo que transformou sua mina em cinco minas que ele será prefeito de cinco cidades. A única relação entre cinco minas e cinco cidades está no número cinco. É uma recompensa totalmente desproporcional à realização. Ele não é de modo algum um homem severo; pelo contrário, é, dentre os mestres, o mais generoso!

No entanto, esta é nossa condição natural. É assim que pensamos sobre o Pai. Nosso coração está fechado a ele porque pensamos que o seu coração está fechado a nós. Owen enxerga isso com grande clareza. Sabe ainda que essa desconfiança nem sempre é inteiramente dissolvida pela regeneração. Ela se prolonga e ainda contamina a muitos cristãos. Tem sido um vício de toda vida; ele pode permanecer como uma tendência contínua. A semente dessa doença da alma já está em nós, e reaparece repetidas vezes. Mas existe mais, e Owen indica isso em palavras já citadas: "Que temores, que questionamentos há, de sua boa vontade e bondade. *No melhor, muitos acham não haver nele nenhuma doçura, a não ser a que foi comprada por alto preço do sangue de Jesus*".[26]

É verdade que somente o sangue de Jesus é o meio de comunicação desse amor; porém, a fonte livre e manancial de amor está no seio do Pai. Por que é então que as pessoas pensam menos do amor do Pai? É em parte porque às vezes é assim que o evangelho é pregado: "Deus ama você porque seu Filho, Jesus, morreu por você. Então, confie nele como seu Salvador".

Na verdade, porém, não é assim que o Novo Testamento apresenta o evangelho. Tal apresentação popular deturpa o evangelho; vira-o de ponta cabeça, e alimenta a desconfiança do Pai. Deixa implícito exatamente aquilo que Owen acreditava ser tão nocivo à relação da alma com Deus, ou seja, a crença de que "não há nenhuma doçura nele [no Pai] para conosco, senão aquela comprada ao alto preço do sangue de Jesus". Aqui, enxergam um Salvador amável como quem procura persuadir um Pai relutante e até mesmo amargo, a ser gracioso. Jesus comprou o amor do Pai a preço infinito.

Contraste isso ao ensino do evangelho: de tal maneira Deus amou o mundo, que deu seu Filho unigênito [portanto, por definição "Deus" aqui se refere ao "Pai"], para que todo aquele que nele crê não pereça, mas tenha a vida eterna.[27] Deus prova seu amor por nós em que, enquanto éramos ainda pecadores, Cristo morreu por nós.[28]

Não existe lacuna entre o amor do Pai e do Filho. Cristo morreu por nós *por causa* do amor do Pai por nós, não para induzir ou persuadir um Pai relutante a nos amar. Todo o amor por que vemos em Jesus é também o amor do Pai. Sim, ele é *expresso* e *revelado* pela morte de Cristo, mas não foi *comprado* por ele. Na verdade, o amor do Pai antecede a obra de Cristo na cruz. O amor do Pai é o *sine qua non* da obra de Cristo por nós. Pois "o próprio Pai vos ama".[29]

Não é surpresa que quando permanece na alma esse mal-estar, a alegria, paz, energia, a adoração e o testemunho do cristão são afetados de forma adversa. O resultado é anemia espiritual. Owen, portanto, quer receitar remédio para os corações doentes de cristãos — um tônico de evangelho que nos coloque em pé e nos encha de alegria e segurança.

Do que necessitamos? Precisamos tomar doses diárias do amor do Pai e refletir sobre o alto privilégio de sermos seus filhos por adoção. Jesus é o raio solar, mas o próprio Pai é o sol do amor eterno. Cristo é o rio, mas por meio dele somos conduzidos ao Pai, fonte de toda graça e bondade. "Ele é como um pai, uma mãe, um pastor, uma galinha sobre seus pintinhos, e tudo mais".³⁰

Como tomamos tal remédio? Como ele restaura a maravilha da comunhão com Deus Pai? A prescrição de Owen é que devemos primeiro receber, para depois devolver o amor do Pai.

RECEBENDO E DEVOLVENDO AMOR

Recebemos o amor do Pai pela fé. Ele demonstra o seu amor em Cristo. Em amor, ele enviou-nos o seu Filho. Pela morte de Cristo, toda causa da ira do Pai contra nós foi removida. Se o Pai não poupou seu próprio Filho, mas o entregou na cruz por nós, só podemos chegar a uma conclusão: o Pai graciosamente suprirá todas as nossas necessidades. Temos toda razão de confiarmos nele. Não somente isto, como também o amor de Deus não está limitado ao *benfazer* — um plano de salvação projetado para nos fazer bem. É também um amor de *complacência* (no sentido original da palavra de "satisfação"). Isto está implícito na aparente mistura de metáforas das palavras de Sofonias 3.17: "O SENHOR, teu Deus, está no meio de ti, poderoso para salvar-te; ele se deleitará em ti com alegria; renovar-te-á no seu amor, regozijar-se-á em ti com júbilo".

Assim, nossa tarefa é "olhar para" o amor do Pai.

Nosso problema tantas vezes tem sido o fato de que nosso olhar se fixa sobre nosso próprio pecado (não somos amáveis nem capazes de ser amados) ou, como a pessoa estrábica, olhamos além de, em vez de olhar para, o amor do Pai.³¹ No lugar disso, fomos feitos para fixar os olhos em Cristo, para que, por intermédio dele, nosso olhar seja levantado ao amor do Pai, o qual é demonstrado em Cristo. Para mudar a metáfora, devemos beber tão profundamente do amor de Deus em Cristo, a ponto de alcançarmos a nascente das águas que se encontra no coração do Pai. Quando os olhos da fé enxergam o amor do Pai, a boca da fé beberá profundamente dos rios da graça. Ao fazê-lo, não somente receberemos seu amor, como também nos encontraremos inevitavelmente, irresistivelmente devolvendo seu amor. E, maravilha, assim como Cristo é aquele por meio de quem o amor do Pai vem a nós, também em Cristo nosso amor retorna ao Pai.

Não deve fugir de nossa observação que isto ocorre mediante o ministério do Espírito Santo. Aqui, a coreografia da Trindade traz o amor que desce do céu à terra, para então, como se a música que acompanha a dança da graça agora indicasse que a direção da dança mudou, nosso amor retorna ao Pai por meio do Filho mediante o ministério interno do Espírito.

Sim o amor do Pai por nós, e nosso amor por ele, são diferentes. O seu amor é amor de plenitude; o nosso é um amor de dever (ainda que o amor, e não o dever, seja nossa motivação). O seu amor antecede ao nosso; nosso amor é consequência do amor dele. Nosso amor vai até ele, embora outrora fôssemos inimigos de Deus; o seu amor veio a nós porque ele é alguém que ama o ser humano. Nós amamos o Senhor porque ele nos amou primeiro. O seu amor, como ele, é imutável, impossível de mudar, enquanto o nosso amor é mutável. Nem sempre ele sorri em amor para nós, mas jamais cessa de nos amar.[32]

Se apenas contemplássemos ("olhássemos com os olhos") claramente este amor, comenta Owen, nossas almas "não suportariam estar ausentes dele uma hora sequer".[33] Pois este é o amor do

> Deus todo suficiente, infinitamente saciado[satisfeito] consigo mesmo e suas gloriosas excelências e perfeições; não tendo necessidade de continuar a amar os outros nem buscar um objeto desse amor fora de si mesmo... ele basta a seu próprio amor. Ele tem também seu Filho, sua sabedoria eterna, para regozijar e deleitar nele em e por toda

a eternidade. Isso poderia ocupar e saciar todo o prazer do Pai.³⁴

Mas, acrescenta Owen: "ele também amará os seus santos". Isso é na verdade um amor gratuito. Não há nada em nós que o cause. Vem totalmente da parte dele. Assim libertos do engano de Satanás, crescemos em comunhão com o Pai Celestial e descobrimos com Davi: "Assim, eu te contemplo no santuário, para ver a tua força e a tua glória. Porque a tua graça é melhor do que a vida; os meus lábios te louvam. Assim, cumpre-me bendizer-te enquanto eu viver; em teu nome, levanto as mãos".³⁵ Portanto, "Quando a alma vê a Deus, em sua dispensação de amor, sendo infinitamente amoroso, repousa sobre ele e se deleita nele como Deus — então tem ela comunhão com ele em amor".³⁶

Agora que ele nos ensinou a ter prazer no amor do nosso Pai, Owen deseja nos conduzir adiante, pois em Jesus Cristo, existe "graça sobre graça".

CAPÍTULO 4

Comunhão com o Filho

> O nome de Dr. Owen é realmente venerado, tendo primazia na fileira dos nobres dignatários que adornaram um período anterior de nosso país e nossa igreja. Ele foi estrela de primeira grandeza naquela brilhante constelação de luminares, derramando luz e glória sobre a era em que vivia; e cujo gênio e escritos, continuam a irradiar sobre as gerações que se sucedem.[1]
>
> — THOMAS CHALMERS

Deus Pai nos conclama a "comunhão de seu Filho, Jesus Cristo nosso Senhor".[2] As palavras paulinas de gratidão pela obra de Deus entre os coríntios parecem tão simples, tão comuns, que seria fácil tomá-las como certas e encobri-las. Mas, para John Owen, a declaração do apóstolo serve como porta aberta a todos os tesouros da graça e das bênçãos que nos pertencem mediante a fé. Tudo que Deus tem para nós em Jesus está condensado nesta declaração aparentemente simples. Tornar-se cristão significa ter comunhão com Cristo em tudo que ele fez por nós. Em verdade, Cristo nos convida a "sentar e cear com ele".[3] É isso que Paulo pede para ser nosso na oração da bênção trinitária: "a graça do Senhor Jesus Cristo".[4]

GRAÇA E JUSTIFICAÇÃO

Mas o que é essa graça? Da nossa perspectiva, é o cumprimento de tudo aquilo que o Antigo Testamento apontava em seu modelo, promessas, tipos e história. "A lei foi dada por Moisés", João explicou, mas "graça e verdade vieram por intermédio de Jesus Cristo".[5] Não é que o antigo pacto não tivesse graça. A graça verdadeira, real, plena, em carne, veio por aquele que a velha aliança antevia.

Owen, contudo, apresenta-nos uma ênfase adicional e vital. A qual figura como um dos mais importantes entendimentos de toda a sua teologia. A graça é pessoal. Graça é Jesus Cristo; Jesus Cristo é a graça de Deus. Pois *graça* não é substancial no sentido de ser qualidade ou entidade que possa ser abstraída ou separada da pessoa do Salvador. Na verdade, Owen afirma:

> Paulo está tão maravilhado por isso [a graça de Cristo] que faz dela o seu lema, e o sinal pelo qual deseja que sejam conhecidas as suas epístolas, 2Ts 3.17-18: "A saudação é de próprio punho: Paulo. Este é o sinal em cada epístola; assim é que eu assino. A graça de nosso Senhor Jesus Cristo seja com todos vós." Sim, ele faz com que esses dois: "A graça seja com todos vós" e "O Senhor Jesus esteja convosco" sejam expressões equivalentes.[6]

Seria difícil exagerar a importância dessas palavras. Owen escrevia tendo como fundo as categorias teológicas empregadas pela teologia medieval (muitas das quais ele herdou). O entendimento medieval da salvação era dominado pela graça sacramental, desde sua primeira "infusão" no batismo até a esperada conclusão em uma fé plenamente formada pelo amor perfeito por Deus. Esta *fides caritate formata*, como era conhecida, ou amor perfeito por Deus, tornava a pessoa "justificável" com base naquilo que a "graça" tinha agora realizado nela. O resultado final disso era espiritualmente desastroso por pelo menos duas razões:

1. Quem poderá afirmar que a graça operou nele um amor a Deus tão perfeito que, baseado nisso Deus pode justificá-lo como sendo totalmente justo? Mesmo na Igreja Católica Romana, as únicas pessoas que podiam fazer tal afirmativa eram "as mais raras entre as pessoas dignas de serem canonizadas como 'santos'" (num sentido bastante diferente do uso do termo no Novo Testamento). E sim, talvez aqueles a quem Deus fez revelação especial dele mesmo. Mas o resultado conjunto desse plano de salvação é que poucos puderam gozar, nesta vida, a segurança da salvação. Na verdade, como o Cardeal Robert Bellarmine insistia, tal segurança era a maior de todas as heresias protestantes.[7]

2. Nesta linha de pensamento, a graça era vista virtualmente como um bem, dado pela igreja por meio de seus sacerdotes e sacramentos. Pode ser obtida em Cristo, mas em si mesma era algo impessoal, um bem que se pode adquirir — não o próprio Salvador amoroso, cuidadoso, que se sacrifica, que guarda, que é gracioso.

Sendo assim o grande fardo e a ênfase maior de Owen para nos ajudar a entender o que significa ser cristão está em dizer: Mediante a obra do Espírito, o Pai Celestial entrega os seus a Jesus e entrega Jesus para os seus. Nós temos Jesus! Tudo que poderia nos faltar é encontrado nele; tudo que necessitamos em qualquer ocasião é dado a nós nele. "Porque todos nós temos recebido da sua plenitude e graça sobre graça".[8] O Pai "nos tem abençoado com toda sorte de bênção espiritual nas regiões celestiais em

Cristo".⁹ Isso é verdade tanto para o cristão mais novo e fraco quanto para o crente mais maduro: desde nosso primeiro momento de fé, somos plenamente, inteiramente, irreversivelmente justificados em Cristo.

Deste modo, como Calvino antes dele, em um gesto Owen transforma nosso entendimento da natureza da graça e da salvação.¹⁰ Examinar a comunhão com Cristo, portanto, significa que devemos examinar tanto "a graça de nosso Senhor Jesus Cristo" com quem temos comunhão, quanto a maneira como obtivemos essa "comunhão" com ele em sua graça.

Para Owen, a graça de Cristo é multidimensional. Consiste em sua graciosidade pessoal e atratividade como Mediador e Salvador, no seu favor e amor por nós pecadores, e também em sua transformação de nós pelo dom do seu Espírito. Sendo assim, apreciar o que significa ter comunhão com ele envolve entender como e por que ele é capaz de nos salvar. Aqui, Owen nos conduz à própria fonte de graça na pessoa de Cristo. Cristo é capaz de nos salvar porque uniu a nossa natureza humana à sua própria natureza divina, em sua pessoa divina como Filho de Deus.

Nós, cristãos modernos, estamos inclinados a pensar em tal linguagem como pertencente ao mundo remoto, de torre de marfim, da teologia antiga. É totalmente provável que Owen estivesse disposto a dizer-nos (acertadamente?) que, se pensamos assim, conhecemos pouco da teologia antiga ou dos teólogos antigos. Este modo clássico de pensar a respeito de Cristo não foi desenvolvido na segurança do mundo acadêmico, mas nos campos de batalha do testemunho do evangelho e da vida da igreja, onde cristãos pensantes estavam dispostos a sofrer por amor do entendimento certo e da correta descrição de seu amado Salvador. Owen pertencia a essas fileiras — onde a paixão por conhecer e amar a Cristo dirigia um desejo de descrevê-lo corretamente, a fim de conhecer e amá-lo mais.

Neste contexto, Owen compreendeu bem que se Cristo não fosse verdadeira e plenamente Deus e verdadeira e plenamente homem, não seria capaz nem teria os meios para nos salvar. Owen via essa verdade embutida no ensino do Novo Testamento, e em nenhum lugar mais claramente do que na carta aos Hebreus. Foi somente como Deus-homem que o Senhor Jesus "tinha em seu seio lugar para receber, e poder bastante em seu espírito para suportar toda a ira que estava preparada para nós".[11]

Desde que toda a plenitude de Deus habita nele, e ele recebeu o Espírito sem medida,[12] o fato de suportar o juízo de Deus sobre a cruz não poderia exaurir ou destruí-lo. Porque é tão perfeitamente condizente com as nossas necessidades, Cristo mesmo se torna estimado aos crentes. Ele é exatamente o que precisamos, e é tudo de que necessitamos:

> Não há homem que tenha qualquer carência com referência às coisas de Deus, sem que Cristo se torne para ele tudo de que ele precisa.
> Eu me refiro àqueles que foram dados a Cristo pelo Pai. Ele está *morto*? Cristo é *vida*. Está *fraco*? Cristo é o *poder* de Deus, e a *sabedoria* de Deus. Está sofrendo com sentimento de *culpa* sobre ele? Cristo é nossa completa *justiça*. [...]
> Ele é apto para salvar, tendo piedade e capacidade, ternura e poder para realizar a obra ao máximo; e uma plenitude para salvar, de redenção e santificação, ou justiça e o Espírito; e uma disposição apropriada a todas as necessidades de nossas almas.[13]

Do começo até o fim, portanto, a comunhão com Cristo é tudo sobre *Cristo*. Quando ele enche o horizonte de nossa visão, encontramo-nos atraídos por ele, abraçados por ele, e começamos a ter nele todo nosso prazer.

COMUNHÃO COM CRISTO NA GRAÇA PESSOAL

A mais frequente, e na verdade, mais básica descrição do crente no Novo Testamento é que ele é uma pessoa "em Cristo". Esta expressão e suas variantes dominam de maneira pujante o ensino dos Apóstolos. Uma das indicações que a Escritura nos dá para que compreendamos o que isso significa é por expressar nossa união com Cristo em termos do que Owen chama de "relações conjugais", ou, como nós diremos, "casamento". Por meio do ministério do Espírito e pela fé, somos unidos a Cristo, feitos um com Cristo, da mesma maneira que um homem e uma mulher "tornam-se uma só carne" nos laços do casamento. Esta figura, já presente no Antigo Testamento,[14] é cumprida no novo no relacionamento entre Cristo e sua igreja. Cristo regozijou com essa perspectiva desde a eternidade, e ele a tornou realidade no tempo, suportando a humilhação, dor, e angústia da cruz. Cristo, em toda sua graça salvadora e atratividade pessoal, nos é oferecido no evangelho. O Pai traz ao Filho a noiva que preparou para ele, e pede a ambos se recebam um ao outro — o Salvador, se ele terá pecadores para serem seus; aos pecadores se eles abraçarão ao Senhor Jesus como salvador, marido e amigo.

Como muitos de seus contemporâneos, Owen via essa união espiritual e a comunhão entre Cristo e o crente prenunciadas e descritas no livro do Velho Testamento chamado Cantares de Salomão.[15] Sua exposição da atratividade de Cristo para o cristão é muito influenciada pelas descrições do Amante e as expressões de afeto do Amado. Embora a sua análise fosse típica para sua época, poucos comentaristas hoje o seguiriam nos detalhes de sua exegese.[16]

Mas o que é de suma importância e mais marcante no pensamento de Owen é que ser cristão envolve profundo *afeto* por Cristo. Cristo é a pessoa a ser conhecida, admirada e amada. Comunhão com Cristo, portanto, envolve uma "mútua resignação" ou entrega de si, feita entre nós e ele. Há, em Cristo, "*graça e compaixão sem medida, sem fim, sem limites*", uma "plenitude de graça na natureza humana de Cristo"[17] de tamanha proporção que, diz Owen (num surpreendente romper de maravilha e louvor):

> Se todo o mundo (se assim eu puder dizer) se dispusesse a beber desta graça, misericórdia e perdão, buscando continuamente água dos poços da salvação; se eles pudessem se dispor a receber de uma única promessa, um anjo em pé e dizendo: "Bebei, amigos, sim bebei com abundância, tomai tanta graça e perdão quanto seja abundantemente suficiente para o mundo de pecado que habita em cada um de vós" — eles não poderiam afundar a graça da promessa em um fio de cabelo. Há suficiente para milhões de mundos, se esses existissem, porque essa graça flui de uma fonte infinita, que não tem fundo.[18]

Assim sendo, tornar-se cristão, para Owen, é sentir o peso das palavras do Senhor em Oseias 3.3, como se fossem ditas pessoalmente a nós: "não te prostituirás, nem serás de outro homem; assim também eu esperarei por ti". Em resposta, nós entregamos nossa vontade a Cristo e ao caminho da salvação que Deus proveu nele, dizendo:

> Senhor, eu queria a ti e tua salvação no meu caminho, para que fosse em parte resultado de meus próprios esforços, como que pelas obras da lei. Agora, porém, eu me disponho a te receber e ser salvo como tu queres — somente pela graça: ainda que eu quisesse caminhar conforme meus próprios pensamentos, agora eu me disponho a me entregar, a ser regido inteiramente por teu Espírito; pois em ti só tenho

justiça e força; em ti sou justificado e tenho glória — então a comunhão com Cristo é feita conforme as graças da sua pessoa. Isto é receber o Senhor Jesus em sua beleza e eminência. Que os crentes exercitem seus corações abundantemente nisto. Esta é a comunhão especial com o Filho Jesus Cristo.[19]

Certamente é difícil lermos trechos como este — por mais estranha que pareça a linguagem à primeira vista — sem sentir o coração arrebentar ao absorver a pura magnitude do que nos aconteceu quando viemos à fé no Salvador. Não é possível espalhar o nosso pecado mais do que ele pode derramar sobre nós a sua graça. Meditar nisso, provar as águas de fonte tão cristalina, certamente é conhecer "alegria indizível cheia de glória".[20]

COMUNHÃO AFETIVA

O leitor de qualquer obra de John Owen é imediatamente impressionado pelo sentimento de ter encontrado um intelecto de força gigantesca. Mais razão ainda para observar a ênfase que ele coloca sobre os afetos na vida do cristão.

Owen, como muitos de seus contemporâneos, via a natureza humana como unidade psicossomática de corpo e alma; temos dimensões tanto físicas quanto espirituais. Analisando mais nosso funcionamento como seres humanos, eles descrevem a dimensão "espiritual" em termos de mente, vontade e afetos.[21]

Nesta distinção tríplice, encontramos importante dica de como Owen entendia a comunhão com Cristo. Realmente ela envolve nosso *entendimento* de quem Cristo é e o que ele fez; inclui também uma *disposição* de nos entregar sem reservas a ele. Nossa comunhão com Cristo vivifica e transforma também os *afetos* do cristão.

Muitas vezes somos relembrados, e acertadamente, de que não se vive a vida cristã tendo como base nossas emoções, mas jamais devemos cometer o erro de achar que o evangelho deixa nossas emoções intocadas. Pelo contrário, nossas emoções são purificadas e transformadas por seu poder. Chegamos a amar aquilo que antes odiávamos, e a nos deleitar naquilo que antes desprezávamos. Na verdade, experimentamos o que Owen chama de "afetos consequenciais apropriados" para com Cristo, a luz de seu amor afetuoso por nós.[22] Cristo tem prazer em nós. Owen se deleita em ver como isso foi expresso por Sofonias: "O SENHOR, teu Deus, está no meio de ti, poderoso para salvar-te; ele se deleitará em ti com alegria; renovar-te-á no seu amor, regozijar-se-á em ti com júbilo".[23]

Cristo revela os seus segredos a seu povo, transformando assim o relacionamento de "servos" para "amigos", porque o amigo sabe o que seu Mestre faz.[24] Como deixaria ele, que entregou sua vida por nós, de nos dar todas as coisas que conduzem à nossa alegria e seu prazer em nós?

Por outro lado, descobrimos que Cristo se torna nosso deleite. Até mesmo — ou especialmente — na nossa fraqueza, o seu Espírito nos auxilia.[25] Ele ora por nós quando não temos palavras para orar. Assim, uma das características do crente de mente espiritual é que seus desejos são maiores do que suas palavras. Em contraste, a pessoa que não tem seu prazer em Cristo orará com palavras que em muito excedem os seus desejos.

Antes de sermos unidos a Cristo, não podíamos nos deleitar nele, porque estávamos trancados sob o pecado. Porém agora, temos prazer no novo e vivo caminho que nos foi aberto para que nos aproximássemos de Deus por meio do Salvador. Agora podemos chegar com ousadia ao trono do céu. Somos, diz Owen, como o Amado no Cântico dos Cânticos de Salomão: "desejo muito a sua sombra e debaixo dela me assento, e o seu fruto é doce ao meu paladar. Leva-me à sala do banquete, e o seu estandarte sobre mim é o amor".[26]

Owen não demora a mencionar que tal prazer espiritual em Cristo tem poderoso efeito moral sobre nossa vida. Ele escreve de maneira impressionante:

> A linha da *mais preciosa comunhão*, é uma linha de maior *solicitude espiritual*: o *desleixo* ou *fingimento* no prazer de Cristo é uma evidência clara de um coração *falso*.[27]

Chegamos a esse deleite em Cristo somente quando começamos a viver por Cristo, com nova sensibilidade e desagrado ao pecado, produzido em nós pelo deleite de Cristo em nós e nosso prazer nele. É assim que funciona o amor:

> Uma vez que a alma do crente tenha obtido doce e verdadeira comunhão com Cristo, ela olha ao seu redor, vigia quanto a todas as tentações, todos os modos em que o pecado possa se aproximar ou perturbar o seu prazer no querido Senhor e salvador, o seu descanso e seu desejo. Como ele se esmera em não omitir nada, nem fazer nada que possa interromper a comunhão que obteve![28]

Ele acrescenta, em linguagem figurativa vivaz, que evoca o que a "solicitude espiritual" é na prática:

> Um crente que tenha nos braços a Cristo, é como quem encontrou grande espólio, ou uma pérola de grande preço. Olha em sua volta, e teme tudo que pudesse privá-lo desse tesouro.[29]

Em vez de produzir lassidão, o prazer espiritual produz carinhoso cuidado. É devido a isso que o crente se colocará no contexto da igreja, ambiente onde todos os instrumentos das bênçãos do Senhor — adoração, comunhão, o ministério da Palavra, e as ordenanças do Batismo e da Ceia do Senhor — podem ser experimentados. Cristo nos abençoa de outras maneiras e por outros meios, mas somente quando estamos andando nos caminhos e meios que ele prepara para nós.

NOSSO VALOR AOS OLHOS DE DEUS

Vivemos em uma época quando o "valor próprio" e a "autoimagem" das pessoas jovens têm se tornado uma preocupação prioritária. Os governos e as instituições investem altas quantias de capital e recursos humanos para tratar o "problema". O fato de que os resultados estejam em proporção inversa ao investimento não deveria surpreender os cristãos biblicamente instruídos.

Dizer aos jovens que eles são importantes — "Você pode ser qualquer coisa que quiser; vocês são os líderes futuros de nossa nação" – é claramente retórica para estimular um sentimento de valor próprio. A primeira afirmativa é falsa. Por exemplo, sob circunstâncias normais, somente uma pessoa pode tornar-se presidente a cada quatro anos. Além disso existe um impedimento para os que têm menos de trinta e cinco anos. No decurso médio da vida, um máximo de onze dentre todos os nossos contemporâneos poderá alcançar esse ofício. A segunda afirmativa conduz inevitavelmente à decepção para muitas pessoas. Pois se todos são líderes da nação, quem seguirá? Não é necessário dizer que pais cristãos podem engolir a mesma mitologia secular e assegurar aos filhos que eles (os pais) os estão preparando para a liderança. A Escritura em nenhum lugar nos ensina a fazer isso. Ensina, na verdade, o reverso: não treinamos nossos filhos para a liderança, mas para serviço. Se a liderança (termo quase desconhecido no Novo Testamento)[30] seguir, muito bom e bem.

Assim, essa mitologia moderna de autoestima de alguns psicólogos e educadores seculares — de que somos todos príncipes e princesas e presidentes no aguardo — está fadada ao fracasso.

Contudo, precisamente nesta área, encontramos Owen, esse colosso da teologia do século XVII, no meio de longos parágrafos de sentenças *latinadas*, apontando-nos a resposta do evangelho para uma epidemia contemporânea. Nosso verdadeiro valor se encontra no valor que Cristo nos deu, não nos valores de nossa autoavaliação. É o que ele fez (e *quem ele é*) que outorga valor real e cria um senso de mérito em nós. Por nós, Cristo estava disposto a tornar-se carne; por nós, ele se esvaziou e tomou para si a natureza humana; por nós, ele se fez pobre; por nós, estava disposto a ver eclipsada a sua glória. Por nós, ele tornou-se servo, bebeu do cálice do juízo divino e carregou sobre si a maldição de Deus:

> 1) Tudo que ele deixou de ter, tudo que fez, tudo que sofreu, tudo que hoje ele faz como mediador; ele abriu mão de tudo, fez, sofreu, devido a seu *amor e estima pelos crentes*. Ele deixou sua maior glória, submeteu-se à mais profunda miséria, fez as mais grandiosas obras que possam existir, porque ama sua esposa — porque valoriza os crentes. O que mais, o que pode ser melhor dito? Quão pouco é entendida a profundeza do que se fala! Como somos incapazes de esquadrinhar seus misteriosos recônditos! Tanto ele ama e valoriza os seus santos, que desde a eternidade garantiu nos levar a Deus. Ele alegra sua alma em pensar nisso, e persegue seus desígnios do céu até o inferno, da vida e da morte, sofrendo e fazendo, em misericórdia e com poder; e não cessa em fazê-lo até trazer-nos à perfeição. Pois,
>
> 2) É assim que ele os valoriza, a ponto de não perder um

sequer de seu povo à *eternidade*, ainda que o mundo inteiro tente tirá-los das suas mãos.[31]

Descobrimos aqui uma avaliação de quem somos feita por Cristo, calculada para dissolver todo autovalor e ainda guardar-nos de sermos orgulhosos. O caminho de Cristo de nos dar valor tem todas as marcas de genialidade divina. Exultamos em nossos privilégios; ele recebe toda a glória. Tornamo-nos filhos da realeza por seu dom e sua outorga, e assim, toda autoavaliação, tanto boa quanto má, é dissolvida em sua avaliação suprema. Em retorno, isto — com certeza, inevitavelmente — leva ao valor que colocamos em Cristo e partilhamos com o salmista: "Quem mais tenho eu no céu? Não há outro em quem eu me compraza na terra".[32] Nós o valorizamos acima de tudo, e contamos tudo mais como perda em comparação[33]:

> Cristo e um calabouço, Cristo e uma cruz, é infinitamente mais doce do que uma coroa, um cetro sem ele, para suas almas... o desprezar de todas as coisas por amor de Cristo é a primeira lição do evangelho.[34]

Cristo abriu mão de tudo por nós; mas nunca deixará de ser nosso. Como marido, cuida de nós, sua noiva, como sua própria carne. Mais que isso,

> ele é pai carinhoso, que, ainda que ame a cada filho de maneira igual, tomará de maiores dores, e entregará mais da sua presença, ao que está doente e fraco, mesmo que nisso e por isso esse filho seja o mais descarado e difícil de lidar.[35]

Nossa resposta? Aplicando mais uma vez a metáfora do casamento, Owen a descreve como "a castidade do santo". De forma disciplinada, recusamos permitir que qualquer coisa, quer em nossa avaliação quer em nossos afetos, tome lugar daquilo que pertence somente a Cristo. Tornamo-nos sensíveis a seu Espírito que habita em nós e o amamos a ponto de não o entristecermos. Vivemos nossa vida em um caminho de adoração e comunhão. Recebemos livremente de Cristo. No prazer que temos nele, nós nos entregamos livremente, sem reservas, com alegria indizível, de volta a Cristo. Isto é verdadeira comunhão.

COMUNHÃO COM CRISTO NA GRAÇA COMPRADA

Cristo vem a nós por seu Espírito e nos atrai em comunhão com ele mesmo. Porém, emprestando a excelente expressão de Calvino, ele vem "vestido com o seu evangelho".[36] Não é um Cristo místico, mas encarnado. Ele é o único e mesmo Senhor e Cristo que foi concebido, nascido, batizado, tentado, que sofreu, morreu, foi sepultado, ressurgiu, ascendeu e agora reina à destra de seu Pai.

Falar de sua "graça comprada", portanto, é simplesmente ressaltar que nossa *koinonia*, ou comunhão com ele, deixa implícito que "quase não há nada que Cristo tenha feito, o que é manancial dessa graça da qual falamos, e a nós é ordenado que façamos a mesma coisa com ele."[37]

Os privilégios que desfrutamos, portanto, em Cristo, são formados e determinados por aquilo que ele fez como nosso representante e substituto. Isto, Owen vê como sendo tridimensional: A vida de obediência de Cristo, sua morte expiadora, sua contínua intercessão. Somente quando vemos Cristo (ou "pomos nossos olhos nele", como era a expressão preferida de Owen) desta forma é que apreciamos o quanto sua obra por nós reformula as nossas vidas.

Na Escritura, a obediência é uma categoria fundamental para a interpretação da obra de Cristo. Fica implícita ao fato de que ele é o *servo* do Senhor,[38] e a sua obra é descrita especificamente em termos da sua obediência ao Pai.[39] O Filho santo assumiu nossa frágil carne no ventre da virgem Maria, onde foi santificado pelo Espírito desde o começo. Toda a sua vida foi marcada por um hábito ou disposição de obediência. Mais especificamente, o Senhor Jesus foi obediente à lei de Deus — quer fosse a lei da natureza que Adão foi chamado a obedecer, ou a lei de Moisés com todas as suas diretrizes, desde Moisés até a sua própria vinda, ou a lei específica que governava a sua obra como Mediador.

Em especial, embora Owen considerasse impróprios os termos *ativo* e *passivo* empregados pelos teólogos para analisar essa obediência, repercutia nele a intenção desses termos. Cristo na verdade está sempre *ativo*, e não passivo, ao suportar seus sofrimentos (foi obediente até a morte). Mas sua *obediência ativa* — sua fidelidade e conformidade com a vontade do Pai no decurso de toda sua vida — não foi meramente uma parcela de ser o imaculado Cordeiro de Deus, sem culpa ou pecado, nem apenas um preâmbulo necessário à sua verdadeira obra por nós. Foi parte *essencial* dessa obra. Cristo tinha de *fazer* em nosso lugar e *morrer* por nós. Não podia apenas pagar o preço da morte como pena por nosso pecado; teve também de obter vida e justiça por nós por sua vida de obediência.

Se a obediência de Cristo for limitada apenas à sua morte por nós, então o que ele fez por nós só nos leva ao estado de Adão diante de Deus no dia da sua criação. Não nos conduz adiante, a quando Adão foi chamado a uma vida de obediência. Assim, era necessário que Cristo *morresse*. Porém, ele também tinha de *fazer*. Só então ele poderia dar base plena e final para a justificação total, que inclui o perdão por nossos pecados mediante a sua morte e o fato de sermos contados por completo e finalmente justos através de sua vida.

A gloriosa verdade do evangelho — conforme Owen vê em face das objeções — é que a participação em Cristo na sua obediência na vida e na morte significa que somos justos diante do trono do julgamento de Deus. Tão justos quando o próprio Cristo. Embora não tenhamos, em nós mesmos, qualquer justiça em que nos firmar, toda a justiça de Cristo é nossa, desde que ele a obteve por nós e não para si. Somos justos diante de Deus como Cristo é justo, porque somente em sua justiça é que nos tornamos justos.

Em termos da colorida imagem de Zacarias 3.1–5, as vestes sujas do nosso pecado foram removidas pela morte expiadora de Cristo, e as vestes puras que ele teceu através de sua vida, morte, ressurreição e ascensão foram colocadas em nós. Satanás é repreendido e o filho de Deus está seguro em Cristo.[40]

Nada disso, claro, diminui o significado da morte de Cristo. Como nosso Sumo Sacerdote, ele se entregou como sacrifício pelos nossos pecados, e satisfez a justiça de Deus.[41] Nosso castigo passou a ser dele; a sua liberdade tornou-se nossa. Por sua morte, ele pagou o preço de nossa redenção e com isso garantiu nossa libertação do domínio do pecado, de Satanás e do mundo.[42]

União com Cristo na sua morte e ressurreição significa que morremos para o pecado e fomos ressuscitados em novidade de vida. O domínio do pecado foi quebrado, ainda que a sua presença e influência permaneçam.[43]

Para Owen, poucas coisas são mais importantes ao entendimento dos cristãos do que isso. Todo pastor e conselheiro cristão constantemente encontra as mesmas questões espirituais básicas:

1. Convencer aqueles em quem o pecado evidentemente tem o domínio de que esse é na verdade seu caso.
Podemos dizer que este é o problema que enfrentamos na evangelização.
2. Satisfazer alguns de que o pecado não tem domínio sobre eles, não obstante sua inquieta atividade neles e guerra contra as suas almas; contudo, a não ser que isso possa ser

feito, será impossível que eles gozem de sólida paz e conforto nesta vida.[44]

Esta é a questão perene do *ministério pastoral*.
Owen encontra resolução dessa última ao entender o que significa comunhão com Cristo em sua morte e ressurreição redentiva. Cristo morreu para o domínio do pecado. O reino do pecado foi destruído; não governa mais o crente. Outrora escravos do pecado, hoje somos renascidos como cidadãos de novo reino, membros de uma nova família, servos de Deus que são livres, libertos pelo preço de resgate da morte de Cristo "para a mão de Deus".[45]

CRISTO CONTINUA COMO SACERDOTE PARA SEMPRE

O ministério sacerdotal de Cristo, porém, pertence tanto ao tempo presente como também ao passado. Ele morreu por nossos pecados e ressurgiu para nossa justificação, "para desempenho da obra completa da graça comprada —, ou seja, por sua intercessão".[46] Agora ele aparece na presença de Deus por nós, "como que relembrando-o do compromisso feito a ele pela redenção dos pecadores por seu sangue, e fazendo as boas coisas para aqueles que assim foram comprados... ele reivindica aquilo que fez em nosso benefício."[47]

De forma bela Owen nota:

> *Uma vida que se vive por si mesmo*, a saber, uma vida de inconcebível glória em sua natureza humana. Neste mundo ele vive uma vida mortal, uma vida vulnerável à miséria e morte, e morreu de acordo com ela. Agora, essa vida foi transformada em imortal, glória eterna... Não somente isso, mas essa vida é sua, e para si a causa de, e acompanhada

de toda aquela glória inefável que Cristo agora goza no céu. Essa vida que ele vive por si é o seu galardão, a glória e honra com a qual ele é coroado.⁴⁸

Já que Cristo nos tornou dele em seu pacto com o Pai, e se uniu à nossa carne em sua encarnação, morte e ressurreição, continuamos pertencendo a ele. Owen, como Calvino antes dele, cria que Cristo vê o pacto com seu povo como sendo tão forte, que os considera um com ele mesmo em certo sentido. Consequentemente, considera a si mesmo como sendo incompleto sem nós. Assim, vive no céu não somente para si e para sua glória, como também por nós, a fim de nos levar até lá. O conhecimento disso dá um sentido de refrigério, alegria e grande emoção aos crentes agora, assim como fez com Estêvão no dia de sua morte.⁴⁹

Tal intercessão está no cerne da fé da igreja.⁵⁰ Não precisa significar que Cristo exija o uso de palavras, mas significa que ele aparece permanentemente diante de Deus Pai em seu ofício sacerdotal "representando a eficácia de sua oblação, acompanhada por terno cuidado, amor e desejo pelo bem estar, suprimento, libertação e salvação da igreja."⁵¹ Owen argumenta que a intercessão de Cristo, embora nem sempre reconhecida como tal, é tão essencial pelos crentes quanto foi o seu sacrifício como Sumo Sacerdote:

> Geralmente se reconhece que os pecadores não poderiam ser salvos sem a morte de Cristo; contudo, que os crentes não poderiam ser salvos sem a vida de Cristo que segue, não é considerado tanto... mas tristemente, quando tudo isso foi feito, se ele tivesse apenas ascendido para sua própria glória para gozar sua majestade, honra e domínio, sem continuar a sua vida e seu ofício em nosso favor, teríamos permanecido pobres e incapazes, e nós, como também

nosso direito a uma herança celestial, teríamos sido afligidos por todo adversário sutil e poderoso.[52]

Em uma palavra, os cristãos encontram estabilidade como também segurança na aplicação para si mesmos das palavras de nosso Senhor: "Oro por vós".

A principal bênção desta intercessão é o dom do Espírito Santo. Por meio dele, tudo que Cristo realizou por nós é revelado e aplicado a nós. Owen voltará a tratar desse tema.[53] Mas no meio tempo, ele pede que descansemos nesta verdade bíblica: Cristo "também pode salvar totalmente os que por ele se chegam a Deus, vivendo sempre para interceder por eles".[54] Aqueles que têm comunhão com ele têm segurança de que não há falta neles que Cristo não possa suprir, nenhum vazio que ele não possa preencher, nenhum pecado que ele não possa perdoar, nenhum inimigo que possa se opor ao fato de que o Cristo que morreu por nós vive para sempre à mão direita de Deus Pai. Tendo morrido para obter nossa herança na presença de Deus, ele está de pé nessa presença, assegurando-nos o desfrute pleno e final. Essa é realmente a comunhão.

OS PRIVILÉGIOS DA COMUNHÃO COM CRISTO

Como temos comunhão com Cristo, e quais os privilégios e alegrias que ela nos traz?

Por sua própria natureza, a comunhão tem dois lados. A relação pactual de Deus com seu povo, mesmo que tenha sido estabelecida unilateralmente ("eu serei o vosso Deus"), sempre foi bilateral em sua realização ("vós sereis meu povo"). Algo é requerido de ambos os lados para que a comunhão pactual seja gozada. O mesmo é verdade quanto à nossa *koinonia* com o Senhor Jesus.

Cristo já fez tudo que era necessário da sua parte: ele cumpriu a lei por nós e sofreu por nós, para nos dar absolvição e justiça. Agora, mediante o evangelho, oferece a si mesmo como Salvador e Mestre, e promete o poder vivificador do Espírito para selar nossa união com ele.

Então, há qualquer exigência necessária da nossa parte? Embora Cristo tenha pago a penalidade por nosso pecado, não somos perdoados e justificados até que nos unamos a ele. Verdade, Cristo foi absolvido e justificado como nosso representante, de forma que a Trindade seja glorificada em nossa salvação e nós mesmos desfrutemos plenamente dela. Porém, até que estejamos "em Cristo", a sua justiça ainda não é nossa. Permanecemos "por natureza filhos da ira".[55]

Como, então, essa comunhão de dois lados se torna uma realidade dos dois lados?

1. Jesus Cristo nos dá a sua justiça e remove nossa corrupção. Ele nos provê de:

> a) Nova aceitação diante de Deus: mediante a dupla imputação de nosso pecado sobre Cristo e de sua justiça sobre nós, a nossa culpa é removida e a amizade estabelecida.
>
> b) Uma nova aceitação diante de Deus: mediante a purificação da poluição de nossos corações como também da culpa de nossos pecados passados.

2. Os cristãos, como resposta, aprovam o caminho divino da justificação.

Da nossa parte, vemos primeiramente nossa necessidade de receber gratuitamente o dom da justiça diante de Deus que nos faltava. Reconhecemos que nossa justiça não tem nenhum valor, nem em parte nem por inteiro. Somos totalmente incapazes de tecer para nós mesmos as vestiduras de justiça.

O evangelho vem a nós em nosso sentimento de falência e oferece a justiça de outro em lugar da nossa. Cristo foi obediente e morreu em nosso lugar. Vemos na cruz o maravilhoso poder e sabedoria de Deus. Ele elaborou um plano pelo qual preserva a sua absoluta justiça, demonstra seu amor, e leva a ele a glória, no entanto, simultaneamente, trata de nossa culpa e nos traz a salvação. A cruz se torna o "lugar de encontro em que o amor do céu e a justiça do céu se unem".[56] Agora também cantamos:

> Sobre uma vida que eu não vivi
> Sobre uma morte que eu não morri
> A vida de Outro, a morte de Outro
> Eu firmo toda a minha eternidade.[57]

Owen nos leva a ver na cruz tal demonstração do amor de Deus, que exigiu de Paulo rebuscar o vocabulário do amor para descrever sua maravilha:

> Aqui [em Tito 3.4-7] faz-se uso de quase cada palavra, pela qual a graça excelentemente rica em bondade, misericórdia e benignidade de Deus possam ser expressas, todas concorrendo a essa obra... bondade, benignidade, prontidão de comunicar tudo de si mesmo e de seus benefícios para nosso proveito... Misericórdia, amor, e disposição de mente para nos ajudar, assistir, aliviar... Misericórdia, perdão, compaixão, ternura para aqueles que sofrem... livre e abundante perdão, amor imerecido.[58]

Compreenda isso para que a alegria rompa em seu coração. Aqui, finalmente, há paz e segurança em Deus. Owen aumenta a eloquência com linguagem maravilhada por sua própria experiência ao descobrir o poder da verdade do evangelho. Os crentes agora se lembram qual era seu estado e condição quando se esforçavam por estabelecer sua própria justiça e não se submetiam à justiça de Cristo — estavam jogados para todo lado de maneira miserável, abarrotados de pensamentos conflitantes. Às vezes tinham esperança; outras vezes, estavam carregados de medo. Às vezes achavam estar em boa situação, enquanto outras vezes sentiam-se à beira do inferno, consciências atormentadas, mas agora: "Justificados, pois, mediante a fé, temos paz com Deus por meio de nosso Senhor Jesus Cristo;" (Romanos 5.1). Tudo está *calmo e sereno*; a *tempestade* não somente cessou, como também eles encontraram o *porto* onde deveriam estar. Têm paz duradoura com Deus.[59]

Conhecendo a história da peregrinação espiritual de Owen, bem como o significado que a história de Cristo acalmando a tempestade tinha para ele, estas palavras são duplamente impressionantes. Ele conhecia aquilo que falava. Ele lembrava-se da "amargura e do fel". Estivera no barco, gritara por socorro. Finalmente, o salvador lhe trouxera a paz. O temporal cessou.

Outra coisa também caracteriza a verdadeira comunhão na justiça de Cristo. Bendizemos a Deus não somente devido ao efeito da justiça de Cristo, mas também porque Cristo, obtendo-a por nós, é o meio divinamente planejado de exaltação e honra a ele. Ao recebermos Cristo para nós mesmos, reconhecemos que o Salvador é achado grande e glorioso em si mesmo, honrado pelo Pai com o nome acima de todos os nomes, adorado por anjos e cultuado pelos santos na terra e no céu.[60] Por meio dele, Deus, Trindade bendita, em cada uma de suas três pessoas, "excede em ser glorificado pelo perdão, justificação e aceitação dos pobres pecadores".[61]

A GRANDE TROCA

Assim ocorre a grande troca, ou *comutação* — tomamos aquilo que é de Cristo e ele toma aquilo que é nosso — a justiça de Cristo por nossa pecaminosidade. Em nosso pecado, culpa e vergonha, ele nos conclama a vir a ele:

> Por quê? O que fazer? "Ora, isto é meu", diz Cristo; "este contrato eu fiz com meu Pai, que eu viesse, tomasse os teus pecados, e os carregasse para longe: eles eram minha porção. Dá-me teu *fardo*, dá me todos os teus *pecados*. Tu não sabes o que fazer com eles; eu sei como dispor muito bem deles, para que Deus seja glorificado e tua alma seja liberta."[62]

Vemos assim que Cristo realmente tomou nosso lugar. Em nosso lugar, ele respondeu todas as acusações que eram contra nós na lei que quebramos. Em resposta, nós o recebemos pela fé. Colocamos o nosso pecado sobre seus ombros na cruz, entregando-o completamente a ele. Embora o façamos, em certo sentido, de uma vez para sempre, ao irmos a ele, isso também se torna o ritmo diário e contínuo de nossas vidas.

O que precisamos compreender é que nada poderia agradar mais ao Senhor Jesus do que a entrega dos nossos pecados e de nós mesmos a ele. Isso *honra* a ele como Salvador; não fazê-lo seria desprezá-lo. Por nossa vez, quando experimentamos isso, vemos finalmente seu verdadeiro valor. O resultado?

Quem não o amará? "Estive com o Senhor Jesus", diz a pobre alma: "Deixei meus pecados, meu fardo, com ele; em troca, ele me deu a sua justiça, com a qual me achego com ousadia diante de Deus. Eu estava *morto* e agora *vivo*, pois ele *morreu* por mim. Eu era *maldito* e agora sou *abençoado*, pois ele se fez *maldito em meu lugar*. Eu era *aflito*, mas hoje tenho *paz*, pois o *castigo* que nos traz a *paz* estava sobre ele. Não sei o que fazer, nem como ele fez desaparecer *minha tristeza*; por ele recebi *alegria indizível e gloriosa*. Se eu não o amar, deleitar-me nele, obedecê-lo, viver por ele, morrer por ele, serei pior que os demônios do inferno".⁶³

Isto deve dar a Cristo, que tem a primazia sobre todas as coisas, a primazia em nossos corações, para que, como tão vivamente Owen o coloca, ele não está mais "abalroado para cima e para baixo entre outras coisas".⁶⁴

Ao meditarmos nisso, agora da perspectiva de nossa própria pecaminosidade, e então, sob a perspectiva da graça salvadora de Cristo, estaremos cada vez mais propensos a gozar a plenitude de seu amor em comunhão contínua com ele.

O HÁBITO DA GRAÇA

Cristo envia o Espírito Santo a seu povo como cumprimento de sua promessa de que o Espírito que estava com os discípulos na pessoa do Senhor Jesus viria habitar e transformá-los. O Pai pôs o Espírito "nas mãos de Cristo por nós".⁶⁵ O resultado é que somos renovados e subsequentemente começamos a produzir o fruto do Espírito. O "hábito da graça" é produzido em nós, ou seja, "uma nova graciosa vida ou princípio, espiritual, criado e concedido à alma, pela qual ela é transformada em todos os seus aspectos e afetos, tornada propícia e capacitada para prosseguir no caminho da obediência a todo objetivo divino conforme a mente de Deus".⁶⁶

Essa "graça habitual" não deve ser confundida com a habitação do próprio Espírito, mas é produzida pelo seu ministério em nós. É a criação por Cristo e mediante o Espírito de uma nova disposição no crente. Por essa razão, precisamos pensar nisso como um dom de

Cristo comprado com o alto preço de sua morte, e assim valorizá-lo. Passamos a ver ao Senhor Jesus como "o grande José, que tem entregue à sua disposição todos os celeiros de grãos do reino do céu".[67]

Também passamos a ver Cristo como nosso Salvador, que, tendo derramado seu precioso sangue por nós, agora nos asperge com ele para nos purificar. Por sua graça, Cristo não somente perdoa nossos pecados passados como também santifica nossas obras imperfeitas do presente. Isso realça nosso prazer no novo relacionamento que gozamos com o Pai em e por meio de seu Filho, pois o Pai nos vê, como também vê tudo que fazemos, pela lente de nossa união e comunhão com Cristo. Ele não somente *cobre* nossas obras más, como também *adorna* nossas boas obras. Isto é, de fato, graça verdadeira, que nos livra daquela suspeita de Deus, a qual parece que Owen encontrava com frequência em seu ministério. Em vez de escondermos o dom da graça na areia por medo e paralisia devido a nosso coração pecador, nós descobrimos que — como Pai amoroso que é — ele se agrada da vida e dos feitos de seus filhos, por mais imperfeitos que sejam: "De forma que as boas obras dos santos um dia os encontrem com semblante transformado, de modo a quase não os reconhecer: aquilo que lhes parecia escuro, deformado, maculado, será belo e glorioso; eles não temerão, mas se alegrarão em ver e segui-los".[68]

Cristo também nos purifica interiormente. Somos lavados e santificados nele.[69] Além disso, um novo princípio domina nossa vida. No que mais tarde Thomas Chalmers chamaria de "o poder expulsivo de um novo afeto",[70] nossas vidas se caracterizam pela oposição ao pecado enquanto descansamos em Cristo e sua graça habita e opera em nós: "No entendimento, a graça é luz; na vontade, ela é obediência; no afeto, é amor; em tudo, fé".[71]

Contudo, tal comunhão não é de modo algum estático. É uma comunhão gozada mediante a fé. Sem Cristo, nada podemos fazer.[72] Cada novo ato de obediência envolve uma nova experiência da graça de Cristo.

ADOÇÃO:
NOSSO MAIS ALTO PRIVILÉGIO

Contemplar todos os privilégios da comunhão com Cristo seria, diz Owen: "trabalho para a vida inteira de um homem".[73] Contudo, estes são todos resumidos no que ele considera "a cabeça, a nascente, a fonte da qual tudo surge e flui".[74] Este — o mais alto privilégio de todos — é a adoção na família de Deus, com todos os direitos e privilégios de conhecê-lo como nosso Pai Celestial.

Fora de Cristo, éramos estranhos à família de Deus tanto na terra como no céu. Mas agora, fomos aproximados e tornados herdeiros. Em Cristo, o Filho, tornamo-nos filhos adotivos de Deus: "A adoção é a autoritativa mudança do crente, por Jesus Cristo, da família do mundo e de Satanás, para a família de Deus, com sua investidura em todos os privilégios e vantagens dessa família".[75] Assim sendo, entramos nos multiformes privilégios que pertencem aos filhos reais do Rei celeste.

À primeira vista, pode parecer estranho que Owen discutisse o tema da adoção dentro do contexto de comunhão com o Filho. Adoção, afinal, por definição é um ato do Pai, e sua confirmação é efetivada pelo Espírito em sua capacidade como "espírito de filiação". Mas o raciocínio de Owen é bastante óbvio: na união e comunhão com Cristo, tornamo-nos co-herdeiros com ele. Assim, conquanto cada uma das pessoas divinas desempenhe seu papel específico na adoção, é certo discutir a adoção como o mais alto privilégio de nossa união com Cristo.

No que é que gozamos a comunhão como filhos adotivos? Owen nos dá uma resposta quádrupla:

1. Gozamos a liberdade de filhos de Deus. Somos libertos do poder da antiga família. A sua influência não nos domina mais — mesmo que não estejamos completamente livres da atmosfera ou mesmo de sua influência nociva. Há toda a diferença no mundo entre obedecermos o Pai, que deu seu Filho por nós, para que tenhamos certeza de que ele também nos dará tudo de precisamos, e estarmos presos à lei ao nos esforçarmos o máximo para cumpri-la.

2. Temos um novo título, e como filhos do rei gozamos "um banquete de fartura",[76] mesmo na igreja, onde temos o privilégio de pertencer à família de Deus e sermos servidos e, por nossa vez, amar e servir, seus membros. Mais que isso, há um sentido em que o mundo inteiro é nosso para ser desfrutado, porque pertence e é preservado por nosso Pai. Nenhum filho dessa família poderá reclamar com justiça de que seu Pai estabeleceu um regime restritivo, sem prazeres e alegrias. Certamente o compositor Isaac Watts refletia sobre isso ao escrever:

> Os homens da graça encontram,
> Glória iniciada cá embaixo.
> Frutos celestiais em chão terreal,
> Crescendo da fé e da esperança.
> O monte de Sião rende
> Mil docilidades sagradas
> Antes que cheguemos à terra celestial,
> Antes que andemos pelas ruas de ouro.[77]

3. Experimentamos coragem diante da face de Deus. Em Cristo, somos justos como ele diante de Deus. Temos o privilégio de chamá-lo "Abba, Pai". Podemos pedir qualquer coisa em seu nome. O que mais poderíamos pedir?

4. Experimentamos a aflição. Mas para o filho de Deus, a aflição é sempre disciplina — a ação do Pai. Isto, como Owen ressalta corretamente, é exatamente o peso de Hebreus 12.5-11. É uma das principais distinções entre cristãos e descrentes. Esses últimos procuram, mas não encontram, significado último no seu sofrimento; como resultado, os incrédulos buscam *criar* significado. Mas não é assim para os cristãos, pois a Escritura ensina que, em Cristo, as provações têm uma finalidade. Deus trata seu povo como filhos, treinando-os. Fosse ele indiferente a nós em nosso pecado e teimosia, perguntas poderiam ser levantadas a respeito da nossa legitimidade. Neste sentido, toda a disciplina é evidência do seu amor. Mais que isso, o sofrimento na vida cristã é o campo de treinamento da alma. O Pai está equipando seus filhos em meio à adversidade. Se nossos pais terrenos nos disciplinam para nosso bem, quanto mais o Pai Celestial, que conhece a fundo os seus filhos?

Assim, quando fomos unidos a Cristo, foi feita uma transação e transição de proporções monumentais. Seria trágico se não conseguíssemos vislumbrar a grandeza do que isso significa — é nada menos que a união e comunhão com o filho de Deus em nossa carne.

John Owen era profundamente impressionado pela magnitude da graça de Deus. Ele se maravilhava pelo modo em que todas as bênçãos concedidas pelo Pai vêm somente e plenamente por meio de nossa união e comunhão com Cristo.

Por esta razão, não nos surpreende que Owen preste tanta atenção ao significado de ser "encontrado em Cristo", e por meio dele, gozar de comunhão com Deus.

Tendo refletido sobre essa dimensão central do pensamento de Owen, passamos agora a examinar o que significa gozar a comunhão em e com a terceira pessoa da Divindade, o Espírito Santo.

CAPÍTULO 5

Comunhão com o Espírito Santo

É desnecessário dizer que ele é o príncipe entre os pastores mestres em divindade. Conhecer bem as suas obras é tornar-se profundo teólogo. Diz-se de Owen que ele era prolixo, porém mais verdadeiro seria dizer que ele é condensado. Seu estilo é pesado porque ele fazia notas daquilo que poderia ter dito, e passava adiante sem desenvolver completamente os grandes pensamentos de sua ampla mente. Requer empenho no estudo, e nenhum de nós deve relutar ao fazê-lo.[1]

— Charles Haddon Spurgeon

Um século atrás, B. B. Warfield descreveu João Calvino como "o teólogo do Espírito Santo".[2] Era um entendimento muito sábio e também inesperado. Entre muitas contribuições à igreja cristã, Calvino demonstrou sistematicamente que o Espírito é aquele por meio de quem todas as bênçãos de Deus, planejadas pelo Pai e compradas pelo Filho, se tornam nossas.

A razão pela qual Warfield teve poucos precursores que viam Calvino desta forma foi, em parte, porque Calvino não escreveu um tratado separado sobre o Espírito Santo nem tratava a sua pessoa e obra com um foco distinto em suas *Institutas da religião cristã*. Assim, a tarefa de expor, de maneira focada e extensa o ministério do Espírito aguardava o surgimento de outra pessoa.

Nesta lacuna doutrinária da literatura da igreja, John Owen entrou voluntariamente. Conscientemente, e de modo certo, via o seu *Discurso sobre o Espírito Santo*[3] como uma de suas principais contribuições à história da teologia. Em seus comentários introdutórios a essa exposição, ele escreveu: "Não conheço ninguém que tenha me precedido neste propósito de representar toda a economia do Espírito Santo, com todos os seus adjuntos, suas operações e seus efeitos".[4]

A PESSOA ESQUECIDA

Há cinquenta anos, no contexto do que veio a ser chamado de "movimento carismático", frequentemente o Espírito Santo era descrito como "a pessoa esquecida da Divindade". Às vezes esse termo refletia mais sobre seus autores do que sobre a história da igreja. Não se pode conhecer a vida e os escritos dos Reformadores, dos Puritanos e das grandes figuras do Primeiro Grande Despertamento e acusá-los de esquecerem-se do Espírito.

De fato, o que geralmente se entendia não era que o *Espírito* tivesse sido esquecido ou ignorado, mas que os dons específicos de línguas, operação de milagres e profecia, todos presentes na igreja do Novo Testamento, haviam sido esquecidos. Mesmo isso não era uma avaliação verdadeira ou justa, pois os pais da igreja, reformadores e principais figuras dos Grandes Avivamentos, estavam convencidos pelas Escrituras de que — como em outros lugares da história redentiva — esses dons incomuns eram dados como sinais confirmatórios de uma nova revelação. Diferente da poderosa obra do Espírito de regeneração (sobre a qual tinham muito a dizer), estes dons, criam eles, nunca tiveram intenção de ser características permanentes da vida da igreja.[5]

Um aspecto da mudança de ênfase que surgiu no evangelicalismo dos anos 1960 era a separação, em muitos contextos, do conhecimento de Cristo. Junto a isso — como deixou patente a queda moral de não poucos líderes — estava a confusão de dons com graças, erroneamente considerando o exercício de "poderes" incomuns por andar no Espírito. O que era particularmente impressionante no ensino, na pregação e nos escritos a respeito dos dons espirituais era o modo como a narrativa bíblica do ministério do Espírito foi ignorada — especialmente sua relação com o Senhor Jesus Cristo.

Contra esse pano de fundo, a exposição em grande escala de John Owen sobre a pessoa e obra do Espírito inspira um ar totalmente diferente. Para Owen é axiomático que, se formos experimentar o poder do Espírito em nossa vida, e a maravilha da nova criação, é necessário primeiro nos familiarizarmos com seu ministério na vida do próprio Salvador.

Nossa comunhão com o Espírito depende de, e é moldada pela comunhão do Espírito com Cristo e a comunhão de Cristo com o Espírito Santo, pois, como veremos Owen enfatizar, o Espírito que vem sobre os crentes é o mesmo que habitou o Senhor Jesus. Ele recebeu o Espírito para desempenhar seu ministério como Redentor. Ele agora concede o mesmo Espírito a todos que estão unidos a ele pela fé.

Sendo assim, nosso primeiro passo para apreciar o que significa desfrutar da comunhão do Espírito Santo é delinear a sua presença no ministério de Jesus.

CRISTO E O ESPÍRITO

Owen frequentemente se refere às palavras do Salmo 45.7 como uma descrição da comunhão de Jesus com o Espírito: "Amas a justiça e odeias a iniquidade; por isso, Deus, o teu Deus, te ungiu com o óleo de alegria, como a nenhum dos teus companheiros". Estas palavras, aplicadas a Cristo em Hebreus 1.9, encontram cumprimento na forma em que ele recebeu o Espírito sem medida.[6]

Jesus, que nos dá o Espírito, é aquele sobre quem veio o Espírito. Ele recebeu, carregou e foi levado pelo Espírito durante toda sua vida e ministério, não apenas *antes* de nós o recebermos, como também *tendo em vista especificamente* nosso recebimento dele como Espírito de Cristo. Sendo assim, o Espírito que estava presente em e por meio da vida de Jesus é exatamente o mesmo Espírito que é agora dado a todos os crentes.

Não há dois Espíritos Santos. Aquele por meio de quem o Salvador foi concebido no ventre da virgem é o mesmo que nos concebe espiritualmente quando "nascemos do Espírito".[7] Não há ninguém mais além daquele que deu poder ao Salvador durante todo seu ministério, desde o ventre até a cruz, da sepultura até o trono. Cristo recebeu o Espírito, estava cheio do Espírito e andava no Espírito para que, em sua ascensão, pudesse dar o Espírito que nele habitava a todos que nele cressem.[8] Somente o Espírito de Cristo é capaz de nos transformar para sermos como Cristo.[9]

Para Owen, portanto, há diversos estágios no relacionamento de nosso Senhor com o Espírito Santo em conexão ao seu ministério como Messias.[10] De fato, Owen conduz seus leitores através de dez obras específicas do Espírito em Jesus.[11] Estas podem ser resumidas de quatro maneiras:

1. *A encarnação de Cristo.* A concepção de Jesus tem todas as marcas características da obra do Espírito Santo. Assim como pairava sobre as trevas na primeira obra da criação, o Espírito também pairou sobre a escuridão do ventre da virgem Maria. Na concepção do Salvador, a graça e a natureza foram unidas em perfeita e santa harmonia.

2. *O ministério de Cristo.* Para Owen, era axiomático que embora nosso Senhor vivesse no poder do Espírito, ele também "agiu como homem". Tudo que fez por nós, Jesus fez como divino Filho de Deus, mas também fez como homem — plena e verdadeiramente homem. Ele compartilhou todo aspecto de nossa condição humana, sem pecar. Ele o fez descansando na presença, comunhão e poder do Espírito Santo.

Isso é visto de duas formas:

a) Na sua natureza humana, Jesus "cresceu" — não do pecado para a santidade, mas *em santidade*, de santidade para santidade. Ele não era uma "anomalia" nem "super-homem". O Espírito o capacitou a progredir passo a passo com sua maturação natural. Isso fica implícito em Lucas, quando diz que Jesus crescia tanto em sabedoria como também em estatura e favor com Deus e também com os homens.[12]

Não havia nada inumano, anti-humano ou super-humano na obediência de Jesus. O seu entendimento — sob influência do Espírito Santo — se desenvolveu em harmonia com suas capacidades mentais: "Na representação, portanto, de coisas renovadas à natureza humana de Cristo, a sabedoria e conhecimento da sua natureza humana foi objetivamente aumentada, e em novas provações e tentações ele aprendeu experimentalmente o novo exercício da graça. Esta era a constante obra do Espírito Santo sobre a natureza humana de Cristo".[13]

O Messias não veio imediatamente do céu para a cruz. Em vez disso, Jesus cresceu. O fruto do Espírito em sua vida andava de mãos dadas com o desenvolvimento natural de todas as suas características humanas individuais. Porém, esse "desenvolvimento natural" era fruto da sua submissão à obra do Espírito. Nisto estava a intimidade e a beleza de sua experiência do amor do Pai, mediante sua comunhão com o Espírito: "Ele habitou nele em toda plenitude; pois não o recebeu com medidas. Continuamente, em todas as ocasiões, e de seus tesouros insondáveis, ele deu a graça para o exercício de todos os seus deveres e instâncias. Daí ele era habitualmente santo, e daí ele exercitou a santidade inteiramente e universalmente em todas as coisas".[14]

b) Em seu batismo, de acordo com Owen, Jesus entrou na plenitude do Espírito, não por progredir em santidade, mas em cumprimento de seu ministério messiânico. Foram-lhe dados dons pelo Espírito, equipando-o para os estágios climáticos do conflito de séculos entre o reino de Deus e o poder das trevas. Sustentado pela Palavra de Deus ("a espada do Espírito"), ele simultaneamente obedeceu ao Pai, operou milagres, manteve a sua integridade e fez com que Satanás fugisse.

3. A cruz de Cristo. Owen entendia Hebreus 9.13-14 como se referindo ao Espírito sustentar o Senhor Jesus na sua morte sacrificial. Foi pelo "Espírito eternal" que nosso Senhor "sem mácula alguma ofereceu a si mesmo a Deus Pai".[15] Somente por sua comunhão com o Espírito Santo Jesus poderia carregar o peso dos pecados do mundo e fazer expiação por eles.

a) O Espírito suportou a Jesus na decisão de oferecer-se ao Pai durante todo o decurso de sua vida, tendo em vista sua morte sacrificial.

b) Ele sustentou Jesus quando, ao se aproximar dos portais do templo no jardim de Getsêmane, ele viu de perto o altar sangrento que o aguardava.

c) O Espírito suportou Jesus quando ele quebrou seu coração e sentiu tragada a sua alma ao experimentar o desamparo do Calvário.

d) Owen acrescenta mais um toque comovente que nos ajuda a entender a maravilha da comunhão do Filho com o Espírito. Se, sobre a cruz, nosso Senhor Jesus Cristo entregou o seu Espírito nas mãos do Pai, a quem ele entregou seu corpo? *Externamente*, diz Owen, foi guardado pelos santos anjos, que vigiaram a sepultura no jardim. Mas *internamente*, o Espírito preservou-o da corrupção física na escuridão do túmulo, assim como o preservara da corrupção moral na escuridão do ventre da virgem. Do ventre ao túmulo, o Filho sempre esteve em comunhão com o Espírito.

4. A exaltação. O Pai exaltou ao Filho em sua ressurreição e ascensão. Contudo, o Novo Testamento também ensina que o Filho tem poder de entregar sua vida e tomá-la de volta para si. Pai e Filho estão juntos, harmoniosamente ativos na exaltação da ressurreição. Mas Owen observa também o papel do Espírito Santo na ressurreição-exaltação.[16] O Espírito declarou que Jesus é o Filho de Deus com poder mediante a ressurreição; o Espírito o vindica na ressurreição.

Esta é uma obra de transformação, e seu resultado final é a sua glorificação. Como diz Owen: "Aquele que fez sua natureza primeiramente santa, agora a fez gloriosa".[17] Não apenas do ventre ao túmulo, então, mas do ventre à glória, o Espírito foi companheiro do Salvador.

Qual é o significado disso? O Espírito não pode ser conhecido corretamente (e portanto, a comunhão com ele não pode ser plenamente desfrutada) sem estar em Cristo — do mesmo modo que Cristo não pode ser conhecido sem ser pelo Espírito. A identidade na qual temos comunhão com o Espírito é definida por nós pela sua relação íntima com o Salvador encarnado. Ele é o Espírito de Cristo. Conhece intimamente a Cristo. Ele toma aquilo que é de Cristo e entrega a nós, com o alvo de transformar-nos à semelhança de Cristo.[18]

CRISTO NOS DÁ SEU ESPÍRITO

No Cenáculo, Jesus prometera aos apóstolos que pediria ao Pai o privilégio de enviar o Espírito à igreja.[19] No envio do Espírito, ambos, Pai e Filho estão atuando.[20] Na verdade, as três pessoas estão envolvidas, porque o Espírito que foi *enviado* também *vem*. Neste sentido, o Espírito é proveniente tanto do Pai quanto do Filho, e a "questão de o Espírito Santo ser outorgado por Cristo", diz Owen, "argumenta que a sua procedência pessoal também vem dele, do Filho".[21] Esta, é claro, é a doutrina agostiniana da *dupla procedência* do Espírito. É uma indicação da natureza do relacionamento eterno do ser de Deus, entre o Espírito e o Filho. Concedemos que há nisso um grande mistério; também para Owen havia o fato de que Pai e Filho juntos enviando o Espírito era indicação da relação do Espírito para ambas as pessoas, tanto na vida interna de Deus como também em sua atividade externa para com o mundo.

Assim, na vida do Deus Trino, o Espírito procede de ambos, Pai e Filho, um para o outro. Como ele é o elo de união entre Pai e Filho com os crentes, também é elo de união entre o Pai e o Filho.[22]

O Espírito nos é dado à luz da penosa obediência de Cristo; nós o recebemos livremente, como dom em que nos regozijamos. Em termos de Owen, "olhamo-lo", pedimos por ele, o recebemos e o admiramos. Nossos olhos o "enxergam" no sentido de fixar mente e coração naquilo que a Escritura nos ensinam sobre ele, buscando pela fé apreender tudo que o Espírito é para nós.

RECEBENDO O ESPÍRITO

O que significa receber o Espírito de Cristo? Quando nós o fazemos pela fé, o Espírito vem pessoalmente habitar em nós. Isto está no coração da promessa do novo pacto. Mas o que é tão *novo* sobre essa aliança? Nas palavras de Owen, eis a explicação: "Nossa união com Cristo consiste nisto: o mesmo Espírito que habita nele habita em nós".[23] E, "participamos, portanto, do mesmo sumo e da mesma sustância da raiz e da árvore, sendo por elas nutridos".[24]

Sendo assim, a própria vida que está na árvore também se encontra nos galhos. Esta verdade que estica a mente e transforma a vida só se entende quando o Espírito vem abrir nossos olhos à verdade da Palavra de Deus. Jamais deveremos separar nossa necessidade do Espírito de nossa possessão da Palavra ou vice-versa. O primeiro seria o erro do racionalista e o segundo do místico. O Espírito abre os olhos do nosso entendimento à revelação que Deus nos deu, não para dar a cada indivíduo uma nova revelação. Ele vem conduzir-nos ao abraço da verdade já revelada. Ser "guiado" pelo Espírito, portanto, em temos bíblicos, envolve abraçar e obedecer à revelação que Deus deu a todos, não seguindo suposta revelação particular dada apenas a alguns indivíduos.[25]

O fruto imediato da vinda do Espírito a nós é o elo de nossa união com Cristo.[26] Desta união flui toda nossa comunhão com ele. Quando vem habitar em nós, ele nos vivifica, guia, sustenta, fortalece e produz em nós caráter e qualidades como as de Cristo. Ele restringe-nos de pecar e nos santifica cada vez mais.

COMUNHÃO COM O ESPÍRITO SANTO

Em seus discursos de despedida, Jesus disse que era vantagem dos discípulos que ele os deixasse;[27] em seu lugar viria o Espírito. Ele vem a nós como se formado pela comunhão de Cristo com ele. Ele é "outro ajudador" (i.e. em adição a, em lugar de, do mesmo caráter do próprio Jesus). Ele ministra a nós como vigário de Cristo. Sua presença em nossa vida é a grande "relíquia" que o Senhor Jesus deixou para a igreja. Quase tudo na vida cristã flui e depende disso.

Qual é, então, a natureza do ministério do Espírito? Há, de acordo com Owen, quatro modos em que o Espírito evidencia a sua presença e seu poder em comunhão com o crente: habitação, unção, penhor e selo. Já que, em razões práticas, Owen considera a presença do Espírito como sendo tanto unção quanto penhor, como aspectos de sua habitação, podemos reduzir isso a dois aspectos: sua habitação e o seu selo.

O Espírito habita todo crente de maneira misteriosa. Ele o faz, enfatiza Owen, pessoalmente, como o Espírito de Cristo. Owen faz uma distinção, a qual ele compartilha com outros escritores puritanos sobre este tema, entre a habitação do Espírito Santo como Espírito de santidade e sua automanifestação como Consolador. O anterior é um ministério constante. O Espírito está sempre, sob todas as circunstâncias, em todos os tempos, tornando-nos santos. Ele usa toda situação — alegrias, provações, sucessos e fracassos — para nos conformar à imagem do Filho de Deus.

Porém, as *manifestações* do Espírito como Consolador, argumenta Owen, são intermitentes. Nem sempre ele nos leva a um senso consciente dos consolos do evangelho. Este é um importante ponto, pela simples razão de que Owen crê ser necessário que distingamos entre a habitação do Espírito (que é constante) e a maneira pela qual ele manifesta essa identidade em e à consciência do crente individual (que é uma variável). Uma expressão disso se vê nas variações entre os crentes sobre suas experiências quanto à segurança de salvação. Eles não apenas diferem uns dos outros, como também poderão diferir de si mesmos de uma semana para outra.

No entanto, Owen afirma que a habitação do Espírito Santo traz consigo diversas bênçãos distintas.

1. O Espírito vem dar ao crente orientação e direção. Essa direção é sempre moral e *extrínseca*, no sentido que o Espírito nos dá essas coisas objetivamente, pela Palavra que ele inspirou. Mas é também *intrínseca*, no sentido que é também interna e eficiente. O Espírito Santo ilumina nosso entendimento das Escrituras e nos capacita a receber a sua verdade.

É exatamente isso que o apóstolo João quis dizer ao falar dos crentes terem recebido a unção do Espírito[28] e, portanto, não necessitarem que alguém os ensine. É claro que em outro sentido, João crê que os cristãos necessitam de ensino (ele mesmo está no ato de ensiná-los por meio de sua carta). O que ele tem em vista é que o Espírito revelou-lhes Cristo.

2. O Espírito vem também dar apoio, suporte; ele ajuda em nossas enfermidades.[29]

3. Igualmente significativo, o espírito exercita uma contínua restrição interior sobre nossa vida, para que evitemos correr de frente para o pecado. Mais que isso, ele injeta um Espírito de alegria e gozo em nossa obediência, o que afugenta nossa letargia natural. Aqui, Pedro é o seu paradigma: "Pedro estava solto e corria morro abaixo, negando e jurando não conhecer seu Mestre; Cristo coloca sobre o seu espírito uma restrição, apenas com um olhar."[30]

Por sua vez, isto se torna, para Owen, um paradigma da obra do Espírito Santo, que interiormente "lança uma profunda reverência" sobre nosso espírito[31], causando esse santo comedimento, a fim de que não caiamos em pecado.

DISTINGUINDO ENTRE O ESPÍRITO E A SERPENTE

Tendo este pano de fundo, Owen levanta uma pergunta importante: Como distinguimos as sugestões do Espírito da graça na direção e governo de nossa vida e as ilusões do espírito do mundo e de nosso próprio coração pecador? Essa é uma pergunta de enorme importância se queremos ser calmos e confiantes quanto ao fato de que o espírito com quem comungamos é realmente o *Espírito Santo*.

Owen sugere quatro maneiras em que o Espírito e a serpente são discernidos:[32]

1. A direção do Espírito, diz ele, é regular, ou seja, de acordo com a *regulum*: a regra da Escritura. O Espírito não opera em nós dando-nos um novo regulamento de vida, mas nos ajuda a entender e aplicar a regra que já está contida na Escritura. Sendo assim, a questão fundamental a se perguntar quanto à direção será: Este curso de ação é coerente com a Palavra de Deus?

2. Os mandamentos do Espírito não são penosos. Estão em harmonia com a Palavra, e a Palavra está em harmonia com o crente como uma nova criação. O crente em Cristo se submete conscientemente à Palavra e tem prazer em obedecê-la, ainda que o caminho do Senhor para nós seja marcado por lutas, dores e tristezas. O jugo de Cristo cabe bem; o seu fardo jamais esmaga o Espírito.[33]

3. As "moções" do Espírito são ordeiras. Assim como o pacto de Deus é ordeiro em todas as coisas e seguro,[34] assim também o dom prometido desse pacto, o Espírito que nos habita, é ordeiro em sua maneira de tratar conosco. A inquietação não é marca de comunhão com o Espírito, mas da atividade do maligno. Talvez Owen tivesse em mente membros específicos de sua congregação quando escreveu:

> Vemos algumas pobres almas tão presas que se apressam para cima e para baixo, na questão de deveres, ao bel prazer de Satanás. Eles correm de um a outro lado, e é comum

negligenciarem aquilo que realmente deveriam fazer. Quando em oração, deveriam estar no trabalho a que foram chamados, e quando estão em seu chamado, são tentados a deixar tudo e correr para orar. Os crentes sabem que isso não vem do Espírito de Deus, que faz "tudo belo a seu tempo".[35]

4. As "moções", ou sugestões do Espírito, diz Owen, sempre tendem a glorificar a Deus de acordo com sua Palavra. Ele traz o ensino de Jesus a nossa memória; ele glorifica o Salvador; ele derrama em nosso coração um profundo senso do amor de Deus por nós. Como, então, o Espírito age sobre o crente? O Espírito vem a nós como penhor, uma promessa, um pagamento inicial da redenção final. Ele está aqui e é, agora, o antegozo da glória futura. Porém, a sua presença é também indicação de que nossa experiência espiritual atual é ainda incompleta.

Owen escreve de modo nitidamente contrastante àqueles que falavam de se livrarem da influência do pecado que habita em nós e lutavam pela liberdade do Espírito. Precisamente porque ele é as primícias e não a colheita final, aqui há um sentido em que a habitação do Espírito é a causa do gemido do crente: "E não somente ela, mas também nós, que temos as primícias do Espírito, igualmente gememos em nosso íntimo, aguardando a adoção de filhos, a redenção do nosso corpo".[36] A presença do Espírito já nos traz um antegozo de glória futura, mas também, simultaneamente, cria em nós um senso da imperfeição de nossa experiência espiritual presente. Isto, para Owen, é como a comunhão com o Espírito — entendida biblicamente — traz alegria à vida do crente, ao mesmo tempo que traz profundo sentimento de que a plenitude da alegria ainda não chegou.

SELADO PELO ESPÍRITO

O Espírito que vem habitar em nós vem também como selo. Owen estava intensamente interessado no que a Escritura quer dizer quando fala do crente ser selado pelo Espírito.[37] Em 1667, ele escreveu: "Não está muito claro para mim a intenção certa e particular desta metáfora".[38] Naquela época, ele arrazoava que eram suas *promessas*, e não as *pessoas*, que estavam em vista nesse selo. Concluiu que somos selados quando gozamos renovado senso do amor de Deus em nós e confortável persuasão de sermos aceitos por Deus. As promessas de Deus — as promessas de graça da salvação — são seladas a nós e nós, de modo correspondente, entramos em seu gozo.

Porém, em sua obra sobre o Espírito Santo como consolador,[39] Owen escreveu com maior definição: "O selo do Espírito não é ato especial, mas somente um efeito especial de sua comunicação a nós. Os efeitos desse selo são as graciosas operações do Espírito Santo em e sobre os crentes, mas o selo em si é a comunicação a eles do Espírito".[40]

Talvez consciente das discussões que ocorriam entre os membros da Irmandade Puritana, incluindo seus próprios amigos, Owen passa a observar:

> Geralmente tem se concebido que este selo do Espírito é o que dá segurança aos crentes e assim o faz, embora o modo como o faz, não tenha sido apreendido corretamente. Assim sendo, ninguém é capaz de declarar a natureza especial do ato do Espírito pelo qual ele sela os que são seus, quando deverá vir tal segurança. Na verdade, não é nenhum ato do Espírito a base de nossa segurança, e sim a comunicação do Espírito a nós.[41]

O selo é o próprio Espírito. Isso leva Owen de volta a nosso ponto de partida: o Senhor Jesus Cristo é aquele a quem o Pai selou.[42] Ele comunicou-lhe o Espírito. O que é verdadeiro quanto a Cristo torna-se então verdadeiro para aqueles que hoje estão em Cristo. Enquanto o Espírito ministra como esse selo, seguem a segurança da graça e da salvação.

Assim, o testemunho do Espírito de que somos filhos de Deus é o efeito da presença do selo do Espírito, que ativa o senso de segurança que o crente tem. Owen oferece vívido retrato falado disso. O cristão, diz ele, pelo poder de sua própria consciência, é posto diante da lei de Deus. Ali, o pleito da consciência do cristão é que ele é filho de Deus. Ele "produz todas as evidências; tudo pelo que a fé lhe dá o interesse em Deus". Há razões pelas quais ele crê ser verdadeiro cristão. Porém, diz Owen:

> No meio tempo, Satanás se opõe com todas as suas forças; o pecado e a lei o assistem; muitos defeitos são encontrados nas evidências que ele usa como acusação; a verdade de todas é questionada; e a alma está suspensa quanto a esta questão. No meio do pedido e da contestação, vem o Consolador, e pela palavra da promessa ou de outro modo, sobrepuja o coração com uma persuasão confortável (que vence a todas as objeções) que seu pleito é bom e que ele é realmente filho de Deus. [...] Quando o nosso espírito está pleiteando seu direito e seu título, ele entra e dá testemunho por nós. Tendo o Senhor Jesus, com uma só palavra, acalmado a fúria do vento e do mar, todos que estavam com ele souberam que ali havia a mão do poder divino, Mateus 8.25–27. E quando o Espírito Santo, por uma palavra, acalma as tempestades e os tumultos que surgem na alma, dando-lhe imediata calma e segurança, a alma conhece o seu divino poder, e se regozija em sua presença.[43]

Numa palavra, Owen diz que o Espírito faz em nós, como selo, o que Cristo fez para os discípulos como Salvador.

O ressurgimento de Mateus 8.25–27 aqui é bastante significativo. Conforme vimos, para Owen, este era o "versículo para sua vida", o texto que, naquele dia que jamais seria esquecido na Capela de Aldermanbury, trouxera à plena luz a segurança e alegria em Cristo. Temos aqui, com toda probabilidade, uma transcrição da experiência do próprio Owen, e a razão por que comunhão com o Espírito era tão significativa para ele.

Cristo não deixou os apóstolos órfãos,[44] nem nos deixa sem consolo. Recebemos bênçãos além de todas as expectações. Recebemos o Espírito a fim de vivermos em comunhão com ele em oração, e ele nos conduz ao prazer de todas as bênçãos de nossa herança. Owen resume da seguinte forma:

> São estas — trazer à memória as promessas de Cristo, glorificá-lo em nossos corações, derramar o amor de Deus em nós, testificar conosco quanto a nosso estado e condição espiritual, selando-nos para o dia da redenção (sendo ele o penhor de nossa herança), ungindo-nos com privilégios quanto às suas consolações, confirmando nossa adoção, estando presente conosco em nossas súplicas. Aqui está a sabedoria da fé — descobrir e encontrar com o Consolador em todas essas coisas; não perder sua doçura permanecendo nas trevas quanto à sua autoria, nem faltar com os retornos que de nós são requeridos.[45]

Tal comunhão com o Espírito nos traz consolo nas aflições, paz que flui da segurança de que fomos aceitos diante de Deus, a alegria que é nossa quando compartilhamos a unção daquele que recebeu o óleo da alegria sem limites, e uma esperança que traz estabilidade e direção a nossas vidas.

Mas o que dizer das "recompensas" da nossa parte, dos quais Owen falou? O que tudo isso quer dizer em termos de nossa resposta aos privilégios da comunhão com Deus?

NOSSA RESPOSTA

Três respostas negativas e três positivas podem ser aqui mencionadas. Antes de fazer essa lista, vale a pena dar um passo para refletir sobre a estrutura do pensamento de Owen. Pois a substância do que ele escreve faz exigências a seus leitores, tornando fácil estar tão envolvido em segui-las, que nos esquecemos de ver as estruturas que as sustentam. Porém, é importante o fato de que ele pense nos retornos (respostas) do cristão em termos negativos e positivos.

O Espírito nos une ao Salvador *crucificado* e *ressurreto* e, portanto, em comunhão com ele na sua morte e ressurreição. Como isso é a base sobre a qual o Espírito opera, ele também se torna o modelo da vida cristã: morte e ressurreição, mortificação e vivificação, despir o velho e revestir do novo. Os negativos e os positivos tornam-se, assim, o *leitmotif*, a linha melódica, para toda a nossa comunhão com o Filho. Era esse o modelo apostólico.[46]

É por isto que Owen nos dá essas três exortações negativas e positivas.

Não entristeçam o Espírito

A metáfora[47] (associada às palavras de Paulo em Efésios 4.30) é, na realidade, trazida da exposição de Isaías das andanças de Israel após o êxodo: "Mas eles foram rebeldes e contristaram o seu Espírito Santo, pelo que se lhes tornou em inimigo e ele mesmo pelejou contra eles".[48] O cristão entrou em um relacionamento mais profundo e íntimo com o Espírito, e precisa aprender a ser sensível a seu amor, bondade e ternura. Mesmo que o Espírito não possa ser "entristecido passivamente",[49] é possível que vivamos de maneira entristecedora a ele. Ele responde a nós *como quem foi entristecido*, pois nós tornamo-nos insensíveis quanto a ofensa que fizemos a ele, de nossa indiferença e descuido espiritual. O resultado é que "Perdemos tanto o *poder quanto o prazer* da nossa obediência".[50]

Owen despeja sobre nossa consciência motivos pelos quais não devemos entristecer o Espírito, e indica o que o crente deve fazer *positivamente*:

> Que a alma, em todo o decurso de sua obediência, se exercite pela fé e dê o peso devido a isso: "O Espírito Santo, em seu

amor e bondade infinitos para comigo, condescendeu em ser meu consolador; ele o faz voluntariamente, livremente, poderosamente. Quanto tenho recebido dele! Na multidão de minhas perplexidades, o quanto ele refrigera a minha alma! Poderia eu viver um dia sequer sem as suas consolações? Eu porventura poderia não me importar com ele naquilo em que ele se concerne? Poderei entristecê-lo por negligência, pecado e insensatez? O seu amor não me constrangeria a andar diante dele, buscando agradá-lo em tudo?"[51]

Não apaguem o Espírito

Se a metáfora de "entristecer" reflete nosso *relacionamento* com o Espírito, "apagar" reflete sobre o seu *ministério*. A figura pintada com palavras que vem à mente de Owen é a de "madeira molhada... lançada ao fogo",[52] um espírito e estilo de vida que, na verdade, impede a obra graciosa do Espírito como fogo, em que ele arde em amor por nós e busca despertar em nós um amor por santidade. Em vez de abafar as sugestões interiores à fidelidade e obediência, temos de aprender a abaná-los para que inflamem.

Não resistam à sua Palavra

Owen enfatiza o relacionamento entre o Espírito e a Palavra no contexto do ministério de Estêvão. Os seus opositores "não podiam resistir à sabedoria e ao Espírito, pelo qual ele falava".[53] "Vós sempre resistis ao Espírito Santo"[54], resistindo assim à palavra profética de Deus.

Novamente, aqui Owen se preocupa com nossa visão espiritual e com aquilo que "olhamos" ao escutar a exposição da Palavra. Falhamos em "enxergar" o ministério do Espírito enquanto ele dá dons à igreja para a sua edificação — ou seja, vemos somente e meramente homens, em nada melhores e talvez não mais capazes de ver que nós — e com isso inevitavelmente reduzimos a pregação da Palavra de Deus a palavras de homens. É então que corremos perigo de menosprezar a

Palavra, para então resisti-la, e enfim, desprezá-la. O nosso chamado é para fixar os olhos onde devemos olhar: a Palavra é a espada do Espírito; a sua exposição é o instrumento do Espírito para soltar a Palavra dentro de nossa vida e fazer sua obra de conversão e transformação.

Porém, ao fazê-lo, Owen insiste em que lembremos que o Espírito Santo é uma das pessoas do Ser Divino, aquele que procede do Pai e do Filho, o Espírito eterno. Ele deve ser cultuado, amado e adorado. A sempre crescente semelhança a Cristo para a qual o Espírito Santo conduz é tanto o fruto de nossa comunhão com ele quanto o seu alvo de comunhão conosco.

Owen compreendia bem que o Espírito Santo não glorifica a si mesmo, mas ao Filho. Isso não deve ser usado como argumento por falharmos em dar glória ao Espírito, como também ao Filho e ao Pai. O papel do Espírito dentro da economia trinitária não minimiza sua plena divindade, nem nos isenta de adorá-lo. Pelo contrário, o papel do Espírito requer de nosso coração a admiração, adoração, louvor e devoção àquele que com tanto amor brilha sobre o Filho e vem a nós como Espírito de graça. Por ser esse o seu ministério, temos toda razão para adorar o Espírito junto com o Pai e o Filho.

Aqui, mais que em qualquer outro lugar, o comentário — embora tenha sido feito totalmente com outra intenção ou sentido — é realmente verdadeiro: o Espírito Santo tem sido a "pessoa esquecida" da Divindade. Talvez, então, ao ser ouvida no decorrer dos séculos, a voz de John Owen ajude a nos despertar para o modo como é possível que tenhamos entristecido, apagado ou resistido ao Espírito Santo.

CONCLUSÃO

Louvor ao Pai, ao Filho e ao Espírito Santo

> *Para uma luminosa exposição e poderosa defesa da doutrina das Escrituras — para o determinado cumprimento das obrigações práticas — para uma habilidosa anatomia do autoengano do coração — e para um tratamento detalhado e sábio do coração diversificado do cristão, ele [John Owen] provavelmente não tem nenhum rival.*[1]
>
> — CHARLES BRIDGES

Nosso "fim principal", de acordo com o *Catecismo Menor de Westminster*, é "glorificar a Deus e gozá-lo para sempre.[2] "Glorificar a Deus" significa adorá-lo como Deus, pois a "*divina natureza é a razão e causa de toda adoração*".[3] Consequentemente, "é impossível *cultuar qualquer* pessoa da Trindade sem adorar toda a Trindade".[4] Este princípio traz Owen à plenitude de sua teologia.

Na atividade de Deus em seu ser trino, todas as três pessoas sempre estão envolvidas e engajadas (*opera*

Trinitatis ad intra sunt indivisa). Assim também em sua atividade em relação à ordem criada sempre será obra das três pessoas (*opera Trinitatis ad extra sunt indivisa*), mesmo quando uma pessoa exerce uma função específica (apropriações).

Aqui Owen está unido aos pais da igreja, que desenvolveram a doutrina conhecida como *perichoresis* ou *circumincessio*[5] — que, em tudo que o Deus Trino é e faz, cada uma das três pessoas se relaciona a e se envolve uma com a outra. Uma "coreografia" do ser divino é belamente única em sua diversidade, e diversa em sua unidade. Tanto interna quanto externamente, as pessoas da Trindade sempre funcionam em harmonia de uma só Divindade. Sendo assim, não adoramos a qualquer pessoa como se a sua pessoalidade pudesse ser de alguma forma abstraída ou separada da sua participação na singular essência de sua divindade.

Isto, é claro, é o mistério da Trindade, o qual a mente humana jamais conseguirá penetrar completamente. Isso não é apenas pela condição caída de nossa mente obscurecida e distorcida. Diante do três vezes santo Deus, até os serafins que jamais pecaram tiveram de colocar véu em seu rosto e cobrir os pés. Aqui, os membros da família de Deus, tanto em seus ramos celestiais quanto terrestres, só podem contemplar das margens do mar de cristal sobre o qual se reflete a eterna majestade e glória do Deus trino: "perdidos na maravilha, no amor e no louvor".

É nesta vida de comunhão com Deus que fomos batizados — na graça do Senhor Jesus, no amor do Pai celestial e na comunhão do Espírito Santo. É claro que na Ceia do Senhor experimentamos e gozamos essa vida em sua mais simples expressão, pois aqui somos convidados pelo próprio Cristo a provar e ver que ele é bom, e nos alimentarmos dele. Quando o fazemos, o Espírito se envolve na obra que ele ama, a obra de

Conclusão

tomar o que pertence a Cristo e torná-lo conhecido a nós. Como diria Horatius Bonar, que se postava na tradição de Owen dois séculos depois:

> Aqui, ó meu Senhor, te vejo face a face.
> Aqui quisera tocar e agarrar aquilo que não se vê.
> Aqui, agarrar com mais firme fé a eterna graça.
> Lançando sobre ti todo o meu cansaço.[6]

Mediante o Espírito gozamos de comunhão com o Filho, lembrando que "Deus amou ao mundo de tal maneira que deu o seu Filho unigênito, para que todo o que nele crê não pereça, mas tenha a vida eterna".[7] Somos atraídos ao amor de Deus e aguardamos as bodas preparadas para seu Filho.

Assim como fomos batizados em nome da Trindade, temos comunhão com cada pessoa em suas distintas expressões de graça para conosco. Ao fazê-lo, as palavras tão frequentemente cantadas da "Doxologia", agora melhor compreendidas, expressam nossos afetos, pois fomos amados pelo Pai, reconciliados pelo Filho, e estamos sendo transformados "de glória em glória" pelo Espírito. Assim, cantamos:

> A Deus Supremo Benfeitor
> Anjos e homens deem louvor;
> A Deus o Filho, a Deus o Pai
> E a Deus Espírito glória dai".[8]

Bem podemos dizer em resposta: "Amém e amém!"

Notas

Prefácio
1. A Editora *The Banner of Truth Trust* republicou *A Morte da Morte na Morte de Cristo* de Owen em 1959 e então, de 1965 até 1968 republicou a edição de 1850–53 das obras completas de Owen, editadas por W.H. Goold, com exceção dos escritos em Latim. Em 1991, a editora republicou a enorme obra de Owen, o Comentário Hebreus, que havia sido publicada na Edição de Ouro em 1854–55.
2. *The Works of John Owen*, ed. Thomas Russell, 21 vols. (Londres: Robert Baynes, 1826), 1:420.

Capítulo 1
1. Peter Toon, *God's Statesman: The Life and Work of John Owen* (Exeter, Inglaterra: Paternoster Press, 1971), p. 173.
2. O pai de Owen mais tarde tornou-se ministro em Harpsden, e ali morreu em 18 de setembro de 1649. Foi sepultado na capela da igreja.
3. William foi pastor em Ewelme, em Oxfordshire, e morreu em 1660, aos quarenta e oito anos de idade.

4. Ela casou-se com John Hartcliffe, pastor em Harding em Oxfordshire e mais tarde cônego de Windsor. Ele morreu em 1702.
5. *The Works of John Owen*, ed. W.H. Goold, 24 vols. (Edinburgh, Escócia: 1850–53; repr. Londres: Banner of Truth Trust, 1966), 13:224. Citações subsequentes das obras de Owen se referem a esta edição.
6. João Calvino, *Commentary on 2 Corinthians, 1 and 2 Timothy, Titus, Philemon*, ed.D.W. and T.F. Torrance, trad. T.A. Smail (Edinburgh, Escócia: Oliver and Boyd, 1964), p. 292.
7. Carl Trueman tem destacado várias maneiras pelas quais a cultura e o pensamento de Owen foram influenciados diretamente por Barlow (1607–91), que, embora se conformasse e tornasse bispo de Lincoln, permaneceu amigo de Owen por toda sua vida. Ver, de Carl R. Trueman, *John Owen: Reformed Catholic, Renaissance Man* (Farnham, Surrey, Inglaterra: Ashgate, 2007), especialmente o capítulo 2.
8. A expressão parece ter sido usada primeiro pelo satirista romano Juvenal, *Sátiras*, 10.356
9. Como acontece a outros antes e depois dele, quando em má saúde e no final da vida, Owen lastimou os castigos que ele dera ao seu físico quando homem mais jovem.
10. A primeira e segunda Guerra Civil (1642–45 e 1648–49) foram parte de um prolongado conflito entre o Parlamento Inglês e Carlos I, que chegou ao clímax com a execução de Carlos em 30 de janeiro, 1649. Uma terceira Guerra Civil (1649–51) viu a substituição da monarquia por uma "Commonwealth" (1649–53) e de 1653–59 pelo *Protetorado* de Oliver Cromwell. Com o fracasso do filho de Cromwell, Richard, a monarquia foi restaurada pelo Parlamento inglês em 1660.
11. Mateus 8.26.
12. *Works* 10:1–137.
13. Em 29 de Abril, 1646. Este sermão é reimpresso em *Works* 8:2ff
14. Em 18 de Agosto, 1646.

15. Sedgwick (1600-58) também fora estudante em Queen's College, Oxford, e mais tarde serviria como membro da Assembleia de Westminster.
16. Em *Works* 13:3ff.
17. John Cotton, ministro em Boston, Lincolnshire, como também mais tarde em Boston, Massachusetts, foi uma das mais significativas e influentes figuras da Irmandade Puritana. O relato que Owen faz sobre sua mudança na eclesiologia se encontra em *Works* 13:222-23.
18. O autor da primeira (e anônima) biografia de Owen notou: "Ouvi-o dizer, diante de uma pessoa de qualidade e outras, que facilmente poderia se unir ao Presbitério conforme era exercitado na Escócia". Citado por Andrew Thomson, *Life of Dr Owen*, em *Works* 1:XCVIII.
19. Essas cidades são distantes uns quinze quilômetros entre si.
20. Seus sermões em Habacuque 3.1-9 mais tarde foram publicados como um único de título *Ebenezer: A Memorial of the Deliverance of Essex County, and Committee*; em *Works* 8:73.
21. Owen mais tarde pregaria o seu sermão fúnebre em 1651. Ver *Works* 8:345-63.
22. Impresso em *Works* 8:127-62. Imprimido em Works 8:127-62. Owen tem sido tanto criticado como também louvado por este seu sermão.
23. Este sermão, *O tremor e transportar de céu e terra*, se encontra em *Works* 8:244ff.
24. *Works* 8:235-36. Parece que a pregação de Owen levou à conversão de alguns em Dublin.
25. A residência real em Londres durante os séculos XVI e XVII.
26. Hugh Binning (1627-53) era ministro em Govan (hoje parte da cidade de Glasgóvia) e pensador e pregador extraordinariamente talentoso. A despeito de sua curta vida, ele deixou uma notável coleção de obras, publicadas após sua morte.

27. Ambos, Owen e Goodwin, foram designados chefes de faculdades no mesmo dia, 8 de junho de 1649 (Goodwin em Magdalen [pronunciado "Modlin"]), e ambos receberam grau de Doutor em Divindade em dezembro de 1653. Owen usava o título de doutor com relutância. Em 1654, ele representou a Oxford no Parlamento (era presumivelmente a pessoa mais bem qualificada para tanto), mas foi forçado a se afastar por ser ordenado como clérigo. Presumivelmente, como não conformista e acadêmico, apesar de falar estritamente como pastor, Owen não era governado pelo regulamento que proibia os ministros de servir como membros do Parlamento.
28. *Works* 6:1–86
29. Para um útil corretivo, veja Leland Ryken, *Santos No Mundo* (São José dos Campos, SP: Editora Fiel, 2013, 2 ed).
30. Anthony Wood, Athenae Oxoniensis (Londres, 1691), 3a ed., ed. Philip Bliss (Londres, 1813–20), IV, col. 98. Citado por Thomson, Life of Dr Owen, em *Works* 1:XLVIII–XLIX.
31. Wood, col. 102. Citado por Toon, *God's Statesman*, p. 55.
32. William Orme, *Memoirs of the Life, Writings, and Religious Connexions of John Owen, D.D.* (Londres, 1810), p. 170.
33. A *Fifth Oration* de Owen, entregue na convocação da universidade em 9 de outubro, 1657, é um maravilhoso testemunho de seu compromisso cristão como também de suas habilidades administrativas. Ver *The Oxford Orations of Dr John Owen*, ed. Peter Toon (Callington, Cornwall, Inglaterra: evangelho Communication, 1971), pp. 40–46. A lista de estudantes em Oxford durante a vice-chancelaria de Owen inclui o filósofo John Locke, o filósofo William Penn, fundador da Pensilvânia; Cristopher Wren, o grande arquiteto da reconstrução de Londres; Thomas Ken, autor de "Doxologia"; e muitos outros, alguns dos quais deram o fundamento da *Royal Society*. Owen certamente tinha a visão de que os cristãos têm um mandato cultural de explorar a criação de Deus.

34. O Socinianismo foi uma forma, dos séculos XVI e XVII, do que hoje denominamos de Unitarianismo, cujo nome foi dado em honra a dois de seus líderes, Lelio Sozini (1525-62), que conheceu Calvino e manteve correspondência com ele, e seu sobrinho Fausto Sozzini (1539-1604; o sobrinho escrevia seu nome com dois zz). O socinianismo se desenvolveu especialmente na Polônia, e seus líderes expressavam suas crenças no Catecismo Racoviano, publicado em 1652. Este catecismo foi queimado dois anos depois, sob a administração de Cromwell. Owen via o socinianismo como grande inimigo do evangelho, expondo e defendendo especialmente a doutrina do sacerdócio de Cristo contra ele. Cf. Sinclair B. Ferguson, *The Priesthood of Christ, Its Necessity and Nature, por John Owen* (Fearn, Ross-shire, Escócia: Christian Focus, 2010).
35. Estas reuniões incluíram uma convocada pelo próprio Cromwell para discutir a questão da residência legal dos judeus na Inglaterra. Cromwell, em parte motivado por um desejo pela conversão deles, como também por sua acuidade altamente reconhecida em negócios, foi a favor de permitir que os judeus permanecessem. Owen compartilhava o entendimento de Cromwell de Romanos 11.25-32, embora resolutamente não quis fazer especulações quanto a como isso aconteceria. Ver Works, 4:440 e também 18:434 (este é o primeiro volume do seu comentário de Hebreus). Cromwell fez um discurso ao Conselho do Estado em 4 de dezembro de 1655, sobre este assunto. Um dos ouvintes disse que "foi o melhor discurso que ele já fez". Antonia Fraser, Cromwell, *Our Chief of Men* (Londres: Weidenfeld and Nicolson, 1975), p. 565.
36. Para um relato completo, ver Toon, *God's Statesman*, pp. 80-102. A obra de Toon permanence como a biografia moderna mais abrangedora.
37. *Works* 16:273-74.

38. Toon, ed., *The Oxford Orations of Dr John Owen*, p. 47.
39. descrito corporativamente como "The Wallingford House Group" devido ao lugar em que se reuniam
40. *Works* 16:274.
41. Quando uma cópia da Declaração de Savoy foi apresentada a Richard Cromwell em 14 de outubro de 1658, Thomas Goodwin notou, em seu discurso: "Desejávamos, em primeiro lugar, livrarmo-nos do escândalo que não somente algumas pessoas em casa, mas de lugares no estrangeiro, tinham atribuído a nós, ou seja, que o Independentismo (como eles o chamam) fosse o poço de todas as heresias e cismas." Citado por A.G. Matthews em sua introdução à *Declaração de Fé e Ordem de Savóia*, de 1658, ed. A.G. Matthews (Londres: Independent Press, 1959), p. 12.
42. Matthews, p. 79.
43. O *Código Clarendon* recebeu este nome em referência a Edward Hyde, Senhor Clarendon, senhor e chanceler em cuja administração diversas leis foram formuladas, embora ele não fosse diretamente responsável por elas. Cf. J.P. Kenyon, *Stuart England*, 2a ed. (Londres: Penguin livros, 1985), pp. 215–16.
44. Toon, *God's Statesman*, p. 162.
45. *Works* 1:273–415.
46. Toon, *Correspondence*, p. 174.
47. Biógrafos diferem sobre o nome cristão de Payne. Orme o chama de Thomas (p. 448).
48. Thomson, *Life of Dr Owen*, em *Works* 1:CIII.
49. *Vindication of Owen by a Friendly Scrutiny*, p. 38, citado por Thomson, *Life of Dr Owen*, em *Works* I:CIV–CV.

Capítulo 2
1. Mateus 28.19.
2. 2Coríntios 13.14

3. Emanuel Kant, *The Conflict of the Faculties*, trad. Mary J. Gregor (New York: Abaris Books, 1979), pp. 66-67. Itálicos no original.
4. João 17.3
5. 1Coríntios 1.31.
6. Jeremias 9.23-24.
7. Jeremias 31.34.
8. Gálatas 4.9.
9. Ver João 14-17.
10. Romanos 1.21.
11. Colossenses 3.10.
12. Karl Barth, *The Word of God and the Word of Man*, trad. D. Horton (New York: Harper and Row, 1957), p. 196.
13. John Owen, *On Communion with God the Father, Son, and Holy Spirit, each person distinctly, in love, grace, and consolation; or, The Saints' Fellowship with the Father, Son, and Holy Spirit Unfolded*, em *Works* 2:388.
14. Martinho Lutero, *On the Bondage of the Will*, em *Luther and Erasmus*, eds. E. Gordon Rupp and Philip S. Watson (Philadelphia: Westminster Press, 1969), p. 125.
15. Friedrich Nietzsche, *Thus Spake Zarathustra*, eds. Adrian Del Caro e Robert Pippin, *Cambridge Texts in the History of Philosophy* (Cambridge, England: University Press, 2006), p. 65. Itálicos no original.
16. Do hino "Love Divine, All Loves Excelling" by Charles Wesley (1707-88).
17. Deuteronômio 6.4; Isaías 44.6, 8.
18. Ver *Works* 2:323-26 para o que Owen chama de "algumas" dessas passagens.
19. Mateus 28.18-20.
20. *Works* 2:405.
21. *Opera Trinitatis ad intra sunt indivisa.*
22. 1Coríntios 2.10.

23. João 1.3.
24. Romanos 1.4.
25. Calvino cita as mesmas palavras de *Sobre o Santo Batismo*, de Gregório, Oration 40.41 em *Institutas* 1.13.17.
26. Owen cita as palavras de Gregório em *Works* 2:10, n. 1, ao longo das palavras de Tertuliano em seu tratado *Contra Praxeas* dizendo com efeito que o Pai é um e o Filho é um, não por divisão mas por distinção. Praxeas era herege primitivo que adotou o ponto de vista modalista monarquista de que Pai, Filho e Espírito Santo eram simplesmente "modos" ou aparências do Um. Tertuliano é afamado por notar que "Praxeas em Roma conseguiu duas peças do trabalho do Diabo: expulsou a profecia e introduziu a heresia; pôs a correr o Paráclito e crucificou o Pai"; *Contra Praxeas*, cp. 1.
27. *Works* 2:406.
28. Agostinho, *De Trinitatis* 1.3.
29. A heresia associada a Praxeas em que o Um (portanto, o Pai) sofreu sobre a cruz.
30. Ver Hebreus 9.14 para isto.
31. Thomas Goodwin — amigo de Owen, como ele Independente, e colega de pregação em St. Mary's, Oxford — partilhava a mesma perspectiva: "Algumas vezes comunhão e conversação com um homem, às vezes com o outro, e às vezes com o Pai, e depois com o Filho, e então com o Espírito Santo. Por vezes o seu coração é instado a considerar o amor do Pai ao nos escolher, e depois o amor de Cristo em nos redimir, e então o amor do Espírito Santo, que sonda as profundezas de Deus, e as revela a nós, e toma conosco todas as nossas dores, de maneira que uma pessoa vai de uma testemunha para outra distintamente, que, digo eu, é a comunhão que João deseja que nós tenhamos". *Of the Object and Acts of Justifying Faith* (Do objeto e dos atos da fé justificadora), 2.2.6, em *The Works of Thomas Goodwin*, ed. Thomas Smith (Edinburgh, Scotland: James Nichol, 1864), 8:378–79. Goodwin

observa isso num contexto mais amplo de uma discussão da segurança da salvação. Seria interessante especular sobre que conversas passaram entre estas duas destacadas figuras durante o tempo em que estiveram juntos em Oxford como líderes acadêmicos e colegas pregadores. Infelizmente, nenhum dos dois deixou documento sobre seu relacionamento. Embora esteja claro que aqui compartilhavam uma perspectiva comum, como em outras questões (os dois eram congregacionais), somente Owen dedicou uma exposição extensa quanto à natureza dessa comunhão trinitária.
32. Gálatas 4.4–6.
33. Mateus 28.19.
34. 1João 1.3.
35. 2Coríntios 13.14.
36. *Works* 2:16. Itálicos meus.

Capítulo 3
1. J.C. Ryle, *Santidade: sem a qual ninguém verá ao Senhor*. 2 ed. São José dos Campos, SP: Editora Fiel, 2009), p.64
2. 1João 4.8.
3. 1João 4.9.
4. *Works* 2:19.
5. Owen oferece bela exposição deste tema em *Works* 2:19–22.
6. Ver João 3.16.
7. Ver 2Coríntios 13.14.
8. João 16.27.
9. Romanos 5.8.
10. Romanos 5.5.
11. Francis Turretin, *Institutes of Elenctic Teologia*, trad. George M. Giger, ed. James T. Dennison Jr. (Phillipsburg, N.J.: Presbyterian and Reformed, 1992), vol. 1, p. 242, Q. 20.V.
12. Ver João 16.27.

13. Ver João 14.23.
14. Mateus 8.26.
15. Thomson, *Life of Dr Owen,* em *Works* 1:XXXI.
16. *Works* 2:21-22. Itálicos meus.
17. *Works* 2:23. Itálicos meus.
18. *Works* 2:31-32. Itálicos meus.
19. Explicita e especificamente declarado em Gênesis 2.16.
20. Ver Romanos 4.20.
21. Gênesis 3.1.
22. Romanos 1.25.
23. Ver *Works* 2:35.
24. Lucas 15.11-32.
25. Lucas 19.21.
26. *Works* 2.32. Itálicos meus.
27. João 3.16.
28. Romanos 5.8. Versículo 10 deixa claro que aqui "Deus" se refere a Deus Pai.
29. João 16.27.
30. *Works* 2:22.
31. Cf. as palavras de John Cotton em seu comentário de 1João 2.1. John Cotton, *A Commentary Upon the First Epistle General of John* (London: Thomas Parkhurst, 1658).
32. *Works* 2:28-30.
33. *Works* 2:32.
34. *Works* 2:32.
35. Salmo 63.2-4.
36. *Works* 2:24.

Capítulo 4
1. *Select Works of Thomas Chalmers,* vol. 1 (Minneapolis: Robert Carter, 1848), p. 262.
2. 1Coríntios 1.9.

3. Esta alusão é a Apocalipse 3.10.
4. 2Coríntios 13.14.
5. João 1.17.
6. *Works* 2:47. Itálicos do original.
7. Robert Bellarmine, *De Justificatione*, III.2.3, em *Disputationes de Controversiis Cristãoae Fidei adversus huius Temporaris Haerticos*, 4 vols. (Cologne, Germany: B. Gualterhus, 1619). Vale a pena de notar aqui que na teologia medieval, havia constante referência à "graça" e como a justificação é pela graça. Tecnicamente, portanto, a igreja romana acreditava que "pela graça sois salvos mediante a fé" (Efésios 2.5). Mas quando analisaram isso com cuidado, os Reformadores viram que a justificação ocorria com base em algo já realizado em nós mas que, em alguma medida, contava com nossa contribuição. Isso era a justificação dos ímpios *apenas quando a graça os tornava realmente piedosos*. Quando isso não é bem entendido, os cristãos evangélicos que ouvem os católicos romanos falarem sobre salvação e justificação pela graça podem ser facilmente enganados ao pensar que a teologia católica tem se tornado mais alinhada com a teologia Reformada. Mas a verdade, tristemente, é que a teologia evangélica tem se tornado cada vez menos alinhada à clareza da teologia da Reforma.
8. João 1.16. Note que estas palavras oferecem a base para a conclusão de João em 1.17, de que "a lei foi dada por Moisés; graça e verdade vieram por Jesus Cristo."
9. Efésios 1.3.
10. Ver, por exemplo, Calvino, *Institutas* 2.16.19 e 3.1.1
11. *Works* 2:51.
12. Hebreus 7.25; João 3.34.
13. *Works* 2:52.
14. Isaías 54.5; 61.10; 62.5; Ezequiel 16.1–22; cf. o livro de Oseias.
15. Em sua "Letter to the Reader" (Carta ao Leitor) que prefaciou a exposição de Cantares de Salomão de James Durham, Owen

escreveu: "A mais geral persuasão de homens doutos é que o todo seja uma declaração santa daquela comunhão mística e santa que há entre o grande Noivo e sua Esposa, o Senhor Cristo e sua Igreja, e todo alma crente que pertence a ele" (James Durham, *Song of Solomon*, [repr. Edinburgh, Scotland: Banner of Truth Trust, 1997], p. 21). Encontramos dicas de abordagem similar em Calvino. Ver *Institutas* 3.16.4, onde ele compara a rejeição que o cristão faz de um estilo de vida de pecado a Cantares de Salomão 5.3: "Já despi a minha túnica, hei de vesti-la outra vez? Já lavei os pés, tornarei a sujá-los?" Por trás de ambos, Calvino e os de tradição puritana a qual pertencia Owen (com, entre outros, Richard Sibbes) está a enorme exposição do Cântico de Salomão por Bernardo de Claraval (1090–1153), a que Calvino faz referência mais frequente em outros contextos.

16. Tenho tratado a exposição de Cantares de Salomão com mais detalhes em *John Owen on the Christian Life* (Edinburgo, Escócia: Banner of Truth, 1987), pp. 78–86. É de especial interesse e significado que toda a sua exposição desse cântico é arraigada em Apocalipse 3.20, que bem pode conter uma alusão a Cantares 5.2.

17. *Works* 2:61. Itálicos do original.

18. *Works* 2:61–62. Owen escreveu isto em 1657, cerca de 15 anos após seu *Display of Arminianism* e uma década após sua exposição anotada da redenção particular, *The Death of Death in the Death of Christ*. Este seu entendimento massivo das implicações de Hebreus 7.25 ("Ele [Jesus] é capaz de salvar perfeitamente aqueles que se aproximam de Deus por meio dele, uma vez que ele vive sempre a interceder por eles") capacitou Owen para que visse e sentisse a suficiência de Cristo para todos que viessem a ele. Assim, ele foi capaz de emitir uma compilação livre, completa e irrestrita da Fé em Cristo para todos os que ouviam a sua pregação.

19. *Works* 2:58–59.
20. 1Pedro 1.9.
21. Para uma boa discussão sobre como isso se relaciona com a humanidade caída na teologia de Owen, ver Stephen M. Griffiths, *Redeem the Time: The Problem of Sin in the Writings of John Owen* (Fearn, Ross-shire, Scotland: Christian Focus, 2001), pp. 57–93.
22. *Works* 2:117–18.
23. Sofonias 3.17.
24. João 15.13–15.
25. Romanos 8.26–27.
26. Cantares 2.3b–4.
27. *Works* 2:126. Itálicos original.
28. *Works* 2:126.
29. Ibid.
30. A linguagem que predomina no Novo Testamento é de ser servos e servir.
31. *Works* 2:139. Itálicos original.
32. Salmo 73.25.
33. Filipenses 3.8.
34. *Works* 2:137.
35. *Works* 2:141.
36. *Institutas* 3.2.6.
37. *Works* 2:155.
38. Cf. Isaías 42.1, 19; Hebreus 10.7.
39. Cf. Filipenses 2.8; Hebreus 5.8.
40. *Works* 2:164.
41. Durante todo o seu ministério, Owen colocava enorme ênfase no ministério sacerdotal de Cristo como sendo o cerne do evangelho. Seu *Vindiciae Evangelicae* (escrito em 1655, a pedido do Conselho do Estado, a fim de refutar o ensino dos socinianos) contém uma breve exposição do significado do ministério sacerdotal de Cristo (*Works* 12:39); este foi consideravelmente

aumentado em 1674, com a publicação de seus *Exercitations on the Epistle to the Hebrews, Part IV*, "Concernente ao Ofício Sacerdotal de Cristo". Veja sua *Exposition of the Epistle to the Hebrews*, 2:3–259. Este é o volume 19 do conjunto de 24 volumes das obras de Owen conforme publicadas por Johnstone and Hunter (Edinburgh, Scotland,1854–55). Ver também minha introdução a John Owen, *The Priesthood of Christ* (Fearn, Ross-shire, Scotland: Christian Focus, 2012), pp. 13–23.

42. Efésios 2.1–3.
43. Romanos 6.1–14.
44. *Works* 7:517.
45. *Works* 2:166.
46. *Works* 2:168.
47. Ibid.
48. *Works* 22:534. Itálicos no original.
49. *Works* 22:535; ver Atos 7.54–60.
50. Romanos 8.34; Hebreus 4.15–16; 10.21–22; 1João 2.1–2.
51. *Works* 22:541. Owen resolutamente recusa especulação quanto a como a intercessão de Cristo é exercida. Para ele, esta é a "concepção e apreensão mais segura que se possa ter quanto à intercessão de Cristo".
52. *Works* 22:542.
53. Veja abaixo no capítulo 5.
54. Hebreus 7.25.
55. Efésios 2.3.
56. Do hino "Beneath the cross of Jesus" (Sob a cruz de Jesus) por Elizabeth C.D. Clephane (1830–69).
57. Do hino "Upon a Life I Did Not Live" (Sobre uma vida que eu não vivi) por Horatius Bonar (1808–89).
58. *Works* 2:190.
59. Ibid. Itálicos no original.
60. Filipenses 2.5–11; Apocalipse 5.8–14.

61. *Works* 2:193.
62. *Works* 2:194. Itálicos original.
63. *Works* 2:195. Itálicos original.
64. *Works* 2:196.
65. *Works* 2:199.
66. *Works* 2:200.
67. *Works* 2:203.
68. *Works* 2:171.
69. 1Coríntios 1.30; Tito 3.6.
70. O título de seu sermão mais famoso. Thomas Chalmers (1780–1847) foi um dos pensadores cristãos mais impressionantes do século XIX e o líder do Rompimento da Igreja escocesa em 1843.
71. *Works* 2:172.
72. João 15.5.
73. *Works* 2:207.
74. Ibid.
75. Ibid.
76. *Works* 2:216.
77. Do hino "Come We That Love the Lord" (Venhamos nós, que amamos o Senhor) por Isaac Watts (1674–1748).

Capítulo 5
1. Charles Haddon Spurgeon, *Commenting and Commentaries* (London: Passmore and Alabaster, 1876), p. 103.
2. B.B. Warfield, *Calvin as a Theologian and Calvinism Today* (Philadelphia: Presbyterian Board of Publication, 1909; repr. London: Evangelical Press, n.d.), p. 5. I. John Hesselink nota um precursor em Charles Lelièvre em 1901, mas coloca a data do comentário de Warfield pela publicação de seus escritos coligidos. Ver *The Calvin Handbook*, ed. H.J. Selderhuis (Grand Rapids, Mich.: Eerdmans, 2009), p. 299.
3. Veja os volumes 3 e 4 da edição Gold de suas Obras (Works).
4. *Works* 3:7.

5. Tenho tratado isso com maiores detalhes em *O Espírito Santo* (Recife, PE: Os Puritanos, 2014) 2 ed.
6. João 3.34.
7. João 3.3, 6, 8.
8. Atos 2.33.
9. 2Coríntios 3.18.
10. Owen expõe isso de maneira maravilhosa em dois capítulos de sua *Pneumatologia; ou, A Discourse Concerning the Holy Spirit*, book 2, capítulos 3–4. *Works* 3:159–88.
11. *Works* 3:162–83.
12. Lucas 2.52.
13. *Works* 3:170. Itálicos no original.
14. *Works* 3:170–71.
15. *Works* 3:176.
16. Romanos 1.4.
17. *Works* 3:183.
18. João 16.13–15.
19. João 14.6.
20. João 14.16, 26; 15.26.
21. *Works* 2:226.
22. João 17.20–23.
23. *Works* 11:337. Cf. 11:338
24. *Works* 11:340.
25. Assim, em contextos paralelos, estar cheio do Espírito (Efésios 5.18) e "permitir que a palavra de Cristo habite ricamente em vós" (Colossenses 3.16) são dois lados de uma mesma realidade.
26. Uma rica exposição desta união se encontra, como ouro escondido nos montes, na gigantesca *Doctrine of the Saints' Perseverance* de Owen. *Works* 11:336ff.
27. João 16.7.
28. 1João 2.20, 27.
29. Romanos 8.26.

30. *Works* 11:349.
31. Ibid.
32. *Works* 11:363–65.
33. Mateus 11.28–30
34. 2Samuel 23.5.
35. *Works* 11:364.
36. Romanos 8.23.
37. Efésios 1.13; 4.30; 2Coríntios 1.22. Fiz uma revisão mais extensa desta questão em *John Owen on the Christian Life*, pp. 116–24.
38. *Works* 2:242.
39. "Discurso sobre o Espírito Santo como Consolador", em *Works* 4:351–419. Foi publicado em 1693, dez anos após a sua morte.
40. *Works* 4:404.
41. *Works* 4:405.
42. João 6.27.
43. *Works* 2:241–42.
44. João 14.18.
45. *Works* 2:249
46. Ver, *inter alia*, Romanos 13.11–14 bem como a sua exposição mais completa em Colossenses 3.1–17.
47. A exposição de Owen sugere que ele vê essa linguagem como sendo metafórica, ou, em termos teológicos, como *antropopatismo* (descrever a Deus em termos da experiência emocional-afetiva de humanos). Ver *Works* 2:265.
48. Isaías 63.10.
49. *Works* 2:265.
50. *Works* 2:266. Itálicos no original.
51. Ibid.
52. Ibid.
53. Atos 6.10.
54. Atos 7.51.

Conclusão
1. Charles Bridges, *The Christian Ministry*, 6th ed. (London: Seeley, Burnside, and Seeley, 1844), p. 41.
2. Breve Catecismo de Westminster 1.
3. *Works* 2:268. Itálicos no original.
4. Ibid. Itálicos no original.
5. Essa realidade é claramente apresentada Novo Testamento, em que um ato específico é atribuído ao Pai ou Filho ou Espírito Santo, contudo quase sempre está no contexto de referência feita a uma, ou a ambas as outras pessoas. Como construto teológico, já está presente na exposição de Orígenes da "operação especial" (do Pai) ou "ministério especial" (do Filho) ou "graça" (do Espírito) de cada pessoa. Ver de Orígenes: *De Principiis*, 1.3.7–8, em que ele apela para 1Coríntios 12.4–6 para este princípio.
6. Do hino "Here O My Lord I See Thee Face to Face" de Horatius Bonar (1808–89).
7. João 3.16.
8. Verso final dos hinos "Awake, My Soul, and with the Sun" e "Glory to Thee, My God, This Night", escritos por Thomas Ken (1637–1711), ele próprio estudante em Oxford perto do fim da administração de Owen como vice-chanceler.

Bibliografia

Barth, Karl. *The Word of God and the Word of Man*. Traduzido por D. Horton. Nova York: Harper and Row, 1957.

Bellarmine, Robert. *De Justificatione. In Disputationes de Controversiis Christianae Fidei adversus huius Temporaris Haerticos*. 4 vols. Cologne, Alemanha: B. Gualterhus, 1619.

Bridges, Charles. *The Christian Ministry*. 6th ed. London: Seeley, Burnside, and Seeley, 1844.

Calvino, João. *Commentary on 2 Corinthians, 1 and 2 Timothy, Titus, Philemon*. Edited by D.W. and T.F. Torrance. Traduzido por T.A. Smail. Edinburgh, Scotland: Oliver and Boyd, 1964.

Chalmers, Thomas. *Select Works of Thomas Chalmers*. Vol. 1. Minneapolis: Robert Carter, 1848.

Cotton, John. A *Commentary Upon the First Epistle General of John*. London: Thomas Parkhurst, 1658.

Durham, James. *Song of Solomon*. Reimpresso, Edimburgo, Escócia: Banner of Truth Trust, 1997.

Ferguson, Sinclair B. *O Espírito Santo*. Recife, PE: Os Puritanos, 2014 (2 ed)

———. *John Owen on the Christian Life*. Edimburgo, Escócia: Banner of Truth, 1987.

———. Introduction to *The Priesthood of Christ, Its Necessity and Nature*, by John Owen. Fearn, Ross-shire, Escócia: Christian Focus, 2010.

Fraser, Antonia. *Cromwell, Our Chief of Men*. London: Weidenfeld and Nicolson, 1975.

Goodwin, Thomas. *Of the Object and Acts of Justifying Faith*. In *The Works of Thomas Goodwin*. Editado por Thomas Smith. Edinburgh, Scotland: James Nichol, 1864.

Griffiths, Stephen M. *Redeem the Time: The Problem of Sin in the Writings of John Owen*. Fearn, Ross-shire, Scotland: Christian Focus, 2001.

Kant, Immanuel. *The Conflict of the Faculties*. Traduzido por Mary J. Gregor. New York: Abaris Books, 1979.

Kenyon, J.P. *Stuart England*. 2nd ed. London: Penguin Books, 1985.

Matthews, A.G. Introduction to *The Savoy Declaration of Faith and Order 1658*, p. 12. Editado por A.G. Matthews. London: Independent Press, 1959.

Nietzsche, Friedrich. *Thus Spake Zarathustra*. Editado por Adrian Del Caro and Robert Pippin. Cambridge Texts in the History of Philosophy. Cambridge, England: Cambridge University Press, 2006.

Orme, William. *Memoirs of the Life, Writings, and Religious Connexions of John Owen*, D.D. London, 1810.

Owen, John. *The Correspondence of John Owen (1616-1683): With an Account of His Life and Work*. Editado por Peter Toon. Cambridge, England: James Clarke, 1970.

———. *On Communion with God the Father, Son, and Holy Ghost, each person distinctly, in love, grace, and consolation; or, The Saints'*

Fellowship with the Father, Son, and Holy Ghost Unfolded. Em 2 vol. de *The Works of John Owen.* Editado por W.H. Goold. Edinburgh, Scotland: Johnstone and Hunter, 1850-55. Reprint, London: Banner of Truth Trust, 1966.

———. *The Oxford Orations of Dr. John Owen.* Editado por Peter Toon. Callington, Cornwall, England: Gospel Communication, 1971.

———. *The Works of John Owen.* Editado por Thomas Russell. 21 vols. London: Robert Baynes, 1826.

———. *The Works of John Owen.* Editado por W.H. Goold. 24 vols. Edinburgh, Scotland: Johnstone and Hunter, 1850- 55. Reprint, London: Banner of Truth Trust, 1966.

Ryken, Leland. *Santos no Mundo.* São José dos Campos, SP: Editora Fiel, 2013.

Ryle, J.C. *Santidade: sem a qual ninguém verá ao Senhor.* São José dos Campos, SP: Editora Fiel, 2009.

Selderhuis, H.J., ed. *The Calvin Handbook.* Grand Rapids, Mich.: Eerdmans, 2009.

Spurgeon, Charles Haddon. *Commenting and Commentaries.* Londres: Passmore and Alabaster, 1876.

Thomson, Andrew. *Life of Dr Owen.* In vol. 1 of *The Works of John Owen.* Editado por W.H. Goold. Edinburgh, Scotland: Johnstone and Hunter, 1850-55. Reprint, London: Banner of Truth Trust, 1966.

Toon, Peter. *God's Statesman: The Life and Work of John Owen, Pastor, Educator, Theologian.* Exeter, Inglaterra: Paternoster Press, 1971.

Trueman, Carl R. *John Owen: Reformed Catholic, Renaissance Man.* Farnham, Surrey, Inglaterra: Ashgate, 2007.

Turretin, Francis. *Institutes of Elenctic Theology.* Tradução de George M. Giger. Editado por James T. Dennison Jr. 3 vols. Phillipsburg, N.J.: Presbyterian and Reformed, 1992.

Vindication of Owen by a Friendly Scrutiny. Citado por Andrew Thomson, *Life of Dr Owen*. In vol. 1 of *The Works of John Owen*. Editado por W.H. Goold. Edimburgo, Escócia: Johnstone and Hunter, 1850-55. Reprint, London: Banner of Truth Trust, 1966.

Warfield, B.B. *Calvin as a Theologian and Calvinism Today*. Philadelphia: Presbyterian Board of Publication, 1909. Reprint, Londres: Evangelical Press, n.d.

Wood, Anthony. *Athenae Oxoniensis*. London, 1691. 3a ed. Editado por Philip Bliss. London, 1813-20. Citado por Andrew Thomson, *Life of Dr Owen*. In vol. 1 of *The Works of John Owen*. Editado por W.H. Goold. Edinburgh, Scotland: Johnstone and Hunter, 1850-55. Reprint, London: Banner of Truth Trust, 1966

FIEL
MINISTÉRIO

O Ministério Fiel tem como propósito servir a Deus através do serviço ao povo de Deus, a Igreja.

Em nosso site, na internet, disponibilizamos centenas de recursos gratuitos, como vídeos de pregações e conferências, artigos, *e-books*, livros em áudio, blog e muito mais.

Oferecemos ao nosso leitor materiais que, cremos, serão de grande proveito para sua edificação, instrução e crescimento espiritual.

Assine também nosso informativo e faça parte da comunidade Fiel. Através do informativo, você terá acesso a vários materiais gratuitos e promoções especiais exclusivos para quem faz parte de nossa comunidade.

Visite nosso website

www.ministeriofiel.com.br

e faça parte da comunidade Fiel

Esta obra foi composta em Chaparral Pro Regular 11.8, e impressa
na Promove Artes Gráficas sobre o papel Pólen Soft 70g/m²,
para Editora Fiel, em Dezembro de 2020